"抵御外侮——中华英豪传奇"丛书

丛书主编　张海鹏

U0870565

黄埔军魂

戴安澜

王晓华◎著

南京出版传媒集团
南京出版社

图书在版编目(CIP)数据

黄埔军魂戴安澜/王晓华著. —南京:南京出版社,2016.4(2023.10 重印)

(抵御外侮:中华英豪传奇)

ISBN 978-7-5533-1089-3

Ⅰ. ①黄… Ⅱ. ①王… Ⅲ. ①戴安澜(1904～1942)—传记 Ⅳ. ①K825.2

中国版本图书馆 CIP 数据核字(2015)第 253782 号

书　　名　黄埔军魂戴安澜
作　　者　王晓华
出版发行　南京出版传媒集团
南　京　出　版　社
社址:南京市太平门街 53 号　　邮编:210016
网址:http://www.njcbs.cn　　电子信箱:njcbs1988@163.com
联系电话:025-83283893、83283864(营销)　025-83112257(编务)

出 版 人　朱同芳
出 品 人　卢海鸣
审　　稿　樊立文
责任编辑　严行健
装帧设计　王　俊　王　敏
责任印制　杨福彬

排　　版　江苏凤凰制版有限公司
印　　刷　江苏凤凰通达印刷有限公司
开　　本　787 毫米×1092 毫米　1/32
印　　张　5.375
字　　数　87 千字
版　　次　2016 年 4 月第 1 版
印　　次　2023 年 10 月第 7 次印刷
书　　号　ISBN 978-7-5533-1089-3
定　　价　18.00 元

用微信或京东APP扫码购书

用淘宝APP扫码购书

上架建议　教育·历史

编委会

主　　任　朱同芳

副 主 任　卢海鸣

编　　委　（按姓氏笔画排序）

王凤青　王宝国　王晓华　孙维桢　史全生

经盛鸿　胡兆才　贾国静　高晓星　黄　强

戚厚杰　韩文宁　韩朝建　樊立文

丛书主编　张海鹏

总 策 划　卢海鸣

统　　筹　潘　珂　李庆杨

总　序

在中华民族的历史上，沿海倭寇的肆意袭扰，西方列强的坚船利炮，侵华日军的烽火狼烟，一次又一次将中华民族推向生死存亡的边缘，给中华民族带来了深重的灾难与难以磨灭的痛苦记忆。中国从一个封建国家演变为一个半殖民地半封建国家。国运危亡，威胁着每一个中国人。

天下兴亡，匹夫有责。抵御外侮，救亡图存，成为面临外敌入侵、民族危亡时中国人思考的第一课题。也正是在这样的危难时刻，中华民族产生出一个又一个舍生取义、矢志报国的英雄豪杰，他们一回又一回地挽狂澜于既倒，扶大厦于将倾。他们的丰功伟绩，不只是单纯地拯救了某个王朝，某个皇帝，而是拯救了整个中华民族的血脉与希望；正像我们的国歌所唱的那样：把我们的血肉铸成新的长城，他们的奋斗和牺牲，把中国的历史命运一次一次推向一个进步的新阶段；他们的高风亮节，不只是中华儿女景仰、学习的榜样，也是人类不屈不挠、英勇抗暴精神的象征。抗敌御侮的英雄事迹，构成了中华优秀传统的新的篇章。

中华民族没有在外敌面前屈服、倒下，而是在一次一次斗争后走向新生，走向进步。作为唯一延续至今未曾中断过的中华文明不断在成长，中华民族依旧傲然挺立于世界民族之林，中华民族的文化传统，不仅没有消逝在历史长河之中，反而发扬光大，成为造就中国特色社会主义的基本历史因素。

为了歌颂中华英豪的爱国精神，为了纪念中国人民抵御外侮的伟大事迹，为了弘扬优秀的传统文化，南京出版传媒集团·南京出版社推出“抵御外侮——中华英豪传奇”丛书。

这套丛书是面向青少年的普及性读物，聘请各有所长的学者撰写，力图用生动活泼的语言，引人入胜的故事，准确的历史事实，努力展现明清以来各个时期抵御外侮的英雄豪杰的事迹，描绘每一位英豪的成长历程和闪光人生，再现了他们人生的不朽光辉。丛书通过这些在抵御外侮中发挥重大作用的英雄人物，向广大青少年表达了中华民族热爱和平、热爱祖国的家国情怀。

如今，我们正走在中华民族复兴的伟大征程之上，国家发展前程似锦，国际地位日益提高，全世界的目光都在转向中国，可以说，今天的中国距离中华民族复兴的伟大梦想，比以往任何时候都更为接近了。越是在这种时候，我们越是要记住为实现中华民族伟大梦想而奋斗、而牺牲的先烈；在我们昂首阔步走向未来新征程的路上，我们更应该居安思危、以史为鉴。历史已经证明：每一段抵御外侮的历史，都是一段维护正义的历史；每一场抵御外侮的斗争，都是一场维护和平的斗争；每一次抵御外侮的奋斗，都是一次为了实现人民美好生活的奋斗，正义终将胜利，和平终将胜利，人民终将胜利。

“抵御外侮——中华英豪传奇”丛书在传播正能量、弘扬爱国主义情怀的同时，提醒我们，在和平时期，抵御外侮的精神同样不可或缺，抵御外侮的英豪也同样不应遗忘，我们今时今日所有的成就与繁荣，离了这种精神、这些英豪，都是万万不可想象的。

“抵御外侮——中华英豪传奇”丛书，不只是为了缅怀先烈，更是为了激励后人；不只是为了铭记历史，更是为了展望未来。

为青少年编写历史小丛书，是一项崇高的事业。20世纪50—60年代，吴晗主编了《中国历史小丛书》《世界历史小丛书》，对当时的青少年起到了历史教育的奠基作用，事实证明是成功的出版经验。我期待南京出版社继续努力，把这个崇高的事业承担起来，拓展开来。为这个崇高的事业投入人力、物力和财力，是会得到善报的，这个善报，不在多少金钱，而在一代一代具有丰富历史知识的青少年的成长，他们将成为国家的栋梁。

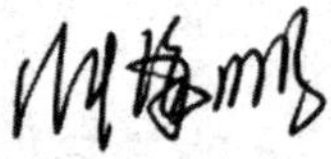

（中国社会科学院学部委员、中国史学会原会长）

目 录

引　言

发生在1937年的抗日战争，是日本帝国主义一手挑起的旨在三个月灭亡中国的一场外族侵略战争。

20世纪三四十年代的日本，其军力、经济力和政治组织力，均在世界前列，是东方的头号强国。中国则是在半殖民地半封建社会蹒跚的贫弱之国，内外交困，举步维艰。国内各种矛盾尖锐，犹如一盘散沙。但是，中国自古就有兄弟阋于墙外御其侮的优秀传统。只要有外敌入侵，威胁到民族生存，中华民族内部势必捐弃前嫌，万众一心，迸发出伟大的爱国精神和杀敌勇气。

中华几千年，无数的战斗中，无数的英雄，都体现了中华民族自尊正义、不畏强暴、勇于献身的优秀品格和爱国精神。这些品格和精神，就是中国抗战胜利的保证。尤其是抗日战争更是如此，中国是正义的一方，日本则是野蛮、非正义的一方。

中国不会亡，中国一定强！

正如1938年，毛泽东在延安追悼抗敌阵亡将士大会上说的那样：

> 中华民族决不是一群绵羊，而是富于民族自尊心与人类正义心的伟大民族，为了民族自尊与人类正义，为了中国人一定要生活在自己的土地上，决不让日本法西斯不付重大代价而达到其无法无天的目的。我们的方法就是战争与牺牲，拿战争对抗战争，拿革命的正义战对抗野蛮的侵略战。这种精神，我们民族的数千年历史已经证明，现在再来一次伟大的证明……郝梦龄将军等的热血谁能说是白流的，日本强盗之被赶出中国谁能说不是必然的？

为了民族的生存，为了人民的幸福，无数中华儿女挺身而出，义无反顾地奔赴战场，与日寇进行顽强地战斗，奏响了中华民族的雄浑悲壮的时代最强音。戴安澜将军就是众多的民族英雄当中的优秀代表。

从 1933 年的长城抗战开始，到 1937 年的华北会战，1938 年的台儿庄会战、武汉会战，1939 年的昆仑关战役，1942 年出国远征之战，作为黄埔军人和杰出将领，戴安澜将军几乎无役不战，无役不从。因此，他在日本人眼里，是一极其可怕的对手。

戴安澜将军在缅甸战场上为国捐躯，是中华民族的英雄，我们一定会缅怀他的英勇业绩，继承他的爱国爱民、奋勇杀敌的大无畏精神，以此来教育我们的子子孙孙，将先烈们的业绩和精神传承下去，永祐中华！

戴安澜塑像

2015 年是中国抗日战争胜利 70 周 年，也是世界反法西斯战争胜利 70 周 年。抗日战争所体现的中华民族的优秀品格和高度的爱国主义精神，将永远激励中国人民自尊、自信、自豪、自强。这些品格和精神随中华民族几千年的历史而来，还将随着中华民族明天的生存发展而生存发展。有这些品格和精神在，中华民族必将生生不息、不断强盛。

中华民族的伟大复兴就在眼前！

楔　子

1942年夏，陕北延安。中共中央革命军事委员会主席毛泽东在杨家岭的窑洞下，铺纸研墨，略一沉思，沉痛地写下一首五律挽诗：

海鸥将军千古

外侮需人御，将军赋采薇。
师称机械化，勇夺虎罴威。
浴血东瓜守，驱倭棠吉归。
沙场竟殒命，壮志也无违。

毛泽东在抗战时期为一位沙场殒命的国军将领题写挽诗，可谓绝无仅有。通过这首诗歌颂这位抗日英雄，表达了号召国共合作、团结抗日的愿望，歌颂了中华民族不怕流血牺牲、前仆后继的伟大精神。

周恩来题写了：

海鸥将军千古

黄埔之英，民族之雄

八路军总司令朱德和副总司令彭德怀的挽联为：

海鸥师长千古

将略冠军门　日寇几回遭重创

英魂羁缅境　国人无处不哀思

海鸥将军是谁？为什么能赢得共产党领袖的极高的赞誉？

第一章　海鸥飞翔

少年大志

1924 初，上海南下广州的码头上，人头攒动，挤挤挨挨，几位穿着中式布衫和学生装的青年，背着包袱，扛着行李，连蹦带跳顺着舷梯登上英商太古轮船公司的轮船。一上轮船，他们立即奔向栏杆处，有的看大海，有的看鳞次栉比的建筑，这里的一切对于这几个从乡下来的年轻人来说都是那样新鲜。眼前的一切都是新奇的，就像他们此行一样，充满了憧憬与希望。

当轮船鸣着长长的汽笛声，缓缓离开十六铺码头。此时甲板上船舷旁都挤满了旅客，拼命地向岸上的送行人挥手、呐喊，还有擦着眼泪哭泣的。与之相呼应的是岸上前来送行的人群，同样在招手，呼喊着一路平安、一路顺风的声音。

这几个小青年也兴奋地用双手做喇叭状，操着安徽口音大声呼唤："上海，再见！"

他们当中的一位高个子，长着浓眉大眼，相貌十分英俊，此时向船尾部走去。

"炳阳，你到哪里去，不过来再看看大上海？"他们中间的老大，也是领队戴翔天问。

那位叫"炳阳"的青年，大约 20 岁，穿着黑色立领式学生装，头戴学生帽，肩上背着包袱卷。他回头对戴翔天说："趁现在人都挤到船的这一边，我去船尾给大伙找个睡觉的地方，毕竟还有两天两夜。"

几个同伴一想有理，都跟着炳阳去了船舱的后甲板，寻找到一块可以栖身之地，打开铺盖卷，打好了地铺。当船驶出吴淞口，海天一色的壮美情景，使这几个初出茅庐小青年依然兴奋不已。戴翔天望着在落日余晖中翱翔的海鸥，对同伴们说："海阔凭鱼跃，天高任鸟飞。我们此次南下，就要像海鸥一样，展开双翅，去拥抱我们救国救民的理想！"

天已渐渐黑了下来，几个人坐在甲板上，吃着从家里带来的干粮。戴炳阳问："翔天，你说我们几个去广州能考上黄埔军校吗？"

戴翔天躺在铺上，头枕着胳膊，望着满天的星斗，在想心思，听了问话，一咕噜坐起来，从上衣口袋里掏出一封信，得意地说："现在可以告诉你们。叔祖公就在广东建国粤军里头当团长，他写信来，说只要去就能考上！"

这个叫炳阳的青年，原来是与他的伙伴一起去广州报考黄埔军校。

当时社会上流传着这样一句话：好铁不打钉，好男不当兵。为什么这些进步的年轻人要报考黄埔军校？要了解事情的经过还要从头说起。

中国有句古话：人杰地灵。

安徽无为县仁泉乡风和村，南临长江，北依大别山余脉，中有涧流绕村流过，是一个山清水秀的村落。这里四季分明，气候温和，土地肥沃，居民勤劳纯朴而善良。戴家原本不是这里土生土长的居民，而是由他乡流落客居于此。据说戴家的先祖是江西人。元朝末年，参加了元末农民大起义，遭到统治者的残酷镇压。有戴姓一支，举族逃难，背井离乡。有一位叫戴有庸的男子，带着妻子，一根扁担挑着两个箩筐，一个箩筐里坐着两个孩子，随着族人在逃难的人群中，到了皖南，最后来到了这里，定居下来。

戴安澜的祖上是戴遇仁公。经过十余代人繁衍生息，戴家人丁兴旺，从洋头村拓展到风栖山一带，以后遍布旗杆村、大门口、风和村三个村庄，居住着共百余户人家。

戴安澜的祖父这一辈主要有：伯祖父戴昌淦，清贡生，身弱多病，婚后不幸病故。伯祖母戴周氏夫人，出生于桐城书香门第，由于伯祖父英年早逝，无子女。祖父昌裕娶毛氏夫人，生有五个儿子：晋仁、义彰、礼明、智乐、信成。因伯祖父戴昌淦无子嗣，祖父戴昌裕将儿子晋仁、礼明过继给大哥名下，承祧伯祖一房，以侍奉戴周氏夫人。

在戴周氏的悉心教养下，兄弟二人各有特点：戴晋仁用功读书，文章写得好，又注意自身的修养，年轻时在乡里颇负盛名，深得村民的信任。戴礼明性格开朗，热心公益，乡里乡亲谁家遇有什么大事或是对外交涉，戴礼明往往不请自到，为大伙儿出主意，想办法。

成家后，由于家里田少人多，生活拮据，戴礼明就随戏班跑跑龙套，又因为生有一副好嗓子，也客串唱几出小戏，由此获得一些微薄的收入补贴家用，同时也满足了他喜爱戏曲的嗜好。妻子戴汪氏，为人贤惠，相夫教子，为族人所称道。

戴汪氏先后生了两位男孩，礼明夫妇就想有一个女儿。1904 年 11 月 25 日，戴礼明家中传出一声婴儿出生的啼哭，隔着房门，礼明迫不及待地大声问："是男是女？"

稳婆大声回答："又是个带把儿的！"

戴礼明有些沮丧："是个丫头就好了。"

奶奶戴周氏笑着说:“儿子好,又多了个扛枪的!”

父亲按族谱给三儿子起名衍功。他就是日后大名鼎鼎的民族英雄戴安澜。

戴衍功小时候即十分聪慧,长辈们疼爱有加,伯父更是把他作为自己的儿子一样看待,经常带着他外出游玩。戴衍功耳濡目染伯父行侠仗义、勇敢豪迈的行为,对他性格的形成影响很大。

冬天到来的时候,戴衍功也跟随父亲的大车戏班子行走四乡。每到一个集镇,搭起土台子,锣鼓一敲,四面八方的乡亲们都携带凳子,赶来听戏,穆桂英挂帅、岳母刺字、岳飞抗金兵等等,戴衍功从小心中便十分崇拜这些英雄。

从五岁起,戴衍功就在祖母的教诲下,开始认字。当时无为县城里有一位叫周绍峰的名士,是著名的桐城派学者,不少人家仰慕周老先生大名,都将子弟送到他的门下。这位周老师是戴家的远房亲戚。戴衍功6岁时,家里人经过商量,将他送到周老师处去学习。那时家中有不少兄弟姐妹,经济条件不允许让孩子们一起去外面读书,只有他得到这一优待。入学读书后,老师给他取了学名叫炳阳。

炳阳家境不富裕,虽然他年龄还很小,但深知家中一粟一饭、一衣一被都来之不易,尤其是给老师的束脩,都是靠家人负债,节衣缩食、勒紧裤带换来的,因此,他十分珍惜这一难得的学习机会。

在老师严格的教诲下，对《百家姓》《三字经》《千家诗》《弟子规》以及以后的“四书”“五经”等，他都比一般孩子领会得快、理解得深，学习的兴趣与日俱增。闲暇之时，周老师给弟子们说古论今，阐释春秋大义，教导学生要尽忠报国，使炳阳的爱国情怀得到提升。

在以后几年的时间里，戴炳阳从周绍峰先生那里系统地读了许多书，对周先生交给他的作业十分认真地去完成。名师高徒，在老师严格的培养下，戴炳阳不仅打下了坚实的古汉语基础，能写像样的文章，还练就了一手遒劲有力书法。

周先生看到弟子日新月异，十分高兴，经常夸奖炳阳这个孩子为人厚道谦逊、勤奋好学、禀赋优异。他说，这个孩子将来必可大成。

就在戴炳阳发奋学习的这一段时间，中国正发生翻天覆地的变革。1911 年 10 月，孙中山先生领导的辛亥革命爆发，各地新军纷纷起义，安徽也受到影响。省城安庆的革命党人联合新军发动起义，紧接着寿州光复、合肥光复、芜湖独立。随着各省纷纷独立，腐朽的清政府土崩瓦解，中国最后一个封建王朝的腐败统治终于被推翻。

1912 年，孙中山领导的辛亥革命果实不久被袁世凯篡取，中华民国南京临时政府也很快被北洋政府取代，全国笼罩在北洋军阀的黑暗统治之中。从袁世凯由总统复辟到洪宪皇帝，到袁世凯死亡；从张勋复辟再到直系、皖系、奉系轮流执政，乱哄哄你方唱罢我登场，军阀混战，民不聊生。加上帝国主义的经济、文化侵略，使整个中国处在长夜难明赤县天的黑暗状态之下。

这些反复使国人们心中出现的希望又蒙上了阴影，对未来的前景产生了迷惑。这也在炳阳少年的心灵上产生了很大的冲击。他切身地感受到家境生活贫寒，温饱不得解决，周围尽是苦难的人们。他多么希望革命能改变这一状况，希望人们都能安居乐业。他心中向往着一个和平安定的生活，让劳苦大众都能过上丰衣足食的生活。他有着这样的思想、这样的向往和追求。

中国作为第一次世界大战的战胜国，要求收回被德国占领的山东的外交谈判失败，让日本这个军国主义国家的野心得逞，从德国手中夺走了山东及其铁路、煤矿等利益。这一巨大的国耻，首先使北京的大中学生上街游行，火烧赵家楼，在中国各地引发了声势浩大的学潮。

同为年轻人，戴炳阳虽然没有上街游行，却感同身受。他从内心支持“五四运动”，把这场运动视为中华崛起、复兴的伟大运动。他也切身地体会到“五四运动”将会给中国的变革带来极大的现实意义，同时又将会对中国未来的发展带来深远的历史影响。

21年后，即1940年5月4日，戴安澜在日记写道："'五四'纪念节，为我国文艺复兴运动之节日，关系于整个历史，至深且大也。"这就证明"五四运动"对戴安澜的影响至大至深。

新的社会形态，无论从学业的需要和思想的发展，对旧的私塾老师来说，已经跟不上时代的发展了。周老师也表示无法再教这些弟子了。戴炳阳在周老师那里结束了学业，回到家里，帮助父亲种田，维持生计。

社会在剧烈变动，对戴炳阳这样一个有理想的青年，渴望接触外面的世界。18岁那年，戴炳阳在得到家庭的同意后，到南京报考安徽公学，该校在南京白下路。

安徽公学校长陶行知先生在他所撰写的《南京安徽公学办学旨趣》一文中写道："南京前清为两江之都会，和安徽有密切的历史关系，就地理说，又和安徽十分接近。中国兴学以来，南京即为全国教育中心之一。安徽的学者和学生来此传道授业的，素来很多。前清即有上江公学之设，民国成立后，因故停办，实为憾事。'五四'以后，安徽学潮屡起，学生不能安心学业，投到南京求学的人源源不绝。但南京学校格于种种限制，有志有才的学生不免向隅。安徽旅宁同乡会和旅宁同学会，看此情况，深表同情。就联合起来共谋恢复上江公学，遂于十二年秋季开学，改名为南京公学。所以安徽公学的设立，是源于一种不能自已的同情心。因为安徽旅宁前一辈的人，对于后一辈的少年，发生了一种学问上的同情心，才有安徽公学的产生。”

这年秋初，戴炳阳负笈来到南京，经过考试，成绩合格，被安徽公学录取为一年级生。

陶行知反对学生读死书，脱离生活实践，所以他将学校的图书馆命名为“书呆子莫来馆”。他还在学校推行学生自治，成立了由师生代表组成的“人民法庭”，处理学校发生的重大事件。

小贴士

安徽公学：清同治十二年（公元 1873 年），为方便安徽学子到南京参加科举考试，在南京的安徽籍士绅集资在当时的中正街，也就是现在的白下路 193 号，修建了上江考棚。1903 年，清廷改革科举制，实行学校制度。1904 年，安徽士绅在考棚基础上，创办安徽旅宁公学。1923 年，学校更名为南京安徽公学，安徽歙县人陶行知、姚文采分别担任正、副校长。

戴炳阳对这种新型的学习氛围非常新奇。尽管如饥似渴，但是由于家庭的原因，戴炳阳学了一个学期，就自动退学了。为了减轻家庭的负担，他认为自己应该挑起家庭的重任。带着遗憾和无奈，他返回了家乡。为了生活，他就在家乡办了私塾，教儿童读书，以补贴家中入不敷出的贫穷生活。但是这一切并未磨灭炳阳的忧国忧民的赤子之心，反而使他更加感到自己肩上的责任重大。他时时在问着自己，何时才能为国家为人民做出一番有益的事业来？他真心实意地愿意为国家繁荣富强、人民生活幸福，贡献出自己的一切力量。

安徽公学旧址，如今是南京三中白下路校区

在他20多岁所作的一副自劝联中作了明确的描绘，上联是“为政不在多言，要能幼有所教，壮有所归，老有所养”，这反映出戴安澜当时的理想，并使自己为此去全力奋斗的最终目标。

投身黄埔

那么，作为教书先生的戴炳阳为什么又和族人、亲戚千里迢迢去广州报考黄埔军校呢？这要从他叔祖父说起。

戴炳阳的叔祖父戴昌斌，字端甫，号武章，1884年出生，幼年即丧父母，为人笃实，在村中读私塾数年，开智启蒙。当时清廷腐败，外侮愈深，而戴昌斌家每况愈下。于是他外出投军，加入新军。1911年辛亥革命，戴昌斌参加武昌首义。1913年，他和同乡张治中、徐庭瑶、季爵梅、王学海等考入保定军校，为三期同学。这一期叱咤风云的人物还有叶挺、白崇禧、黄绍竑、顾祝同、上官云相等人。

戴昌斌毕业后，投入军旅，一直追随孙中山，南下广州。

1924年国共合作，孙中山先生在广州黄埔创立陆军军官学校。这时，戴昌斌在广东建国粤军第四师任团长，他积极为筹建黄埔军校努力工作。为聚集革命力量，他写信回乡召集戴翔天、戴日新、戴蔚文、戴炳阳、鲁恢亚、王献庭、张保卫、任笑等八位有为青年到广州报考黄埔军校。

当戴翔天找到炳阳，告之要南下报考黄埔军校，以实现救国救民的报国之志时，戴炳阳说："人生如白驹过隙，二十岁前，是浑浑噩噩的时期，五十岁之后，血气就衰萎，总计人之一生，成功立业，不过二十到五十之间短短的三十年而已，不趁这时候埋头苦干，有所成就，光阴一去便不可挽留，抓住了时机，困难的环境不足怕的，正惟困难的环境才能促我们的创造出伟大事业。要晓得幸生不生，必死不死之理。"

小贴士

保定军校：保定陆军军官学校，简称保定军校，创建于1902年，停办于1923年，是中国近代史上第一所正规陆军军校。民国后改称保定陆军军官学校。保定军校毕业生遍布当时的军界和政界，在中国近代的政治舞台上发挥了非常重要的作用。

当时安徽、南京、上海等地还在北洋军阀统治之下，对青年人报考黄埔军校之事是视为洪水猛兽一样，只要发现立即关押。于是戴翔天、戴炳阳秘密串联，在戴氏子弟和亲戚中联络了八位志同道合者，结伴而行。到了轮船上才敢谈论理想和抱负。

经过两天一夜的海上航行，轮船终于到了广州。几个青年背着简单的包袱，按信封上的地址，终于找到戴昌斌的住处。一见面，戴昌斌立即招待几个小青年吃饭。海上的颠簸，让这些从来未见过大海的青年人吃尽苦头，有的晕船呕吐，有的无法安枕入眠。当香喷喷的饭菜上桌以后，几个人狼吞虎咽、风卷残云、一扫而光。

小贴士

建国粤军：20世纪20年代，在广州有不少外省军队，脱离北洋体系，跟随孙中山革命政府与北洋军阀政府对抗，形成了南北两个政权。这些客籍广州的外省军队和本省军队，前面冠以“建国”二字，就表示是与北洋军阀对抗的部队。例如李济深的建国粤军、谭延闿的建国湘军、朱培德的建国滇军、刘震寰的建国桂军、樊钟秀的建国豫军等。

戴昌斌露出欣慰的笑容,询问着家乡的近况以及他们途中的情况,并向他们简单地介绍了当前的革命形势。最后,他语重心长地对这些青年说:“我写信让你们来是参加革命打倒列强的,不是来做官享福的,到这里参加革命不仅不能享福,还可能要丢掉性命。如果你们怕难、怕苦、怕死,那么回去也来得及,我不阻拦你们,回去的路费我出。”说完之后,目光严肃地向着每一个青年看去。见这些青年没有一个有后退的表示,就高兴地对他们说:“这样就很好,一路上大家都累了,今天冲个凉,就是洗洗澡,休息一下,明后天在广州城里看一看,然后就带你们去黄埔军校报名考试。”

这一夜戴炳阳睡得很香,天明之后,竟然连窗外叽叽喳喳的鸟啼都没将他从梦中吵醒。

两天以后,这些青年到陆军军官学校去投考。临行前,戴昌斌不放心,问:“要不要我陪你们去啊?”

炳阳说:“您放心吧,我们肯定考得上的,没问题!我们一定不会给您老人家丢脸的!”

3 月份的一天,戴翔天、戴炳阳等一行来到了黄埔军校报名处,当时人头攒动。他们交了报名表,按规定参加考试,结果戴翔天、戴炳阳等感觉良好。

等出榜的那一天,戴翔天、戴炳阳等榜上有名。鲁恢亚、王献庭却名落孙山。

戴炳阳兴冲冲地来到体检处，没想到体检之后，表格上却盖着“不合格”三个大字。戴炳阳顿时懵了。一盆冷水兜头而下，来了个透心凉。

他拿着体检表去找医生理论，医生解释说：“你身体孱弱，根本受不了入伍生严格的军事训练，何必受这份罪？回家吧。”

当晚，叔祖戴昌斌在家摆了丰盛的酒菜。见到炳阳像打败的鹌鹑斗败的鸡一样，就猜到了结果，说：“来来来，我们先填饱肚子！”

“我不吃！”戴炳阳说完独自进了房门，蒙起头就睡。

鲁恢亚、王献庭也情绪不高。

戴昌斌开导说：“年轻人经不起挫折和打击是不行的，日子还长呢，我们喝酒。”

几个人边吃边聊。

戴昌斌问鲁恢亚、王献庭打算。两人说已经商量好了，准备回家。戴昌斌说：“不忙，玩几天再走。我托人去给你们三人买票。”

不料，门开了，戴炳阳出来说：“要走你们走，我不走！”

戴昌斌见他十分坚决，于是说：“要不舍下我这个老面子去给你说说情？”

戴翔天几个人都拍手叫好。

炳阳说：“叔祖，谢谢你，但我不需要。我想通了，作为一个革命军人，没有强壮的体魄是不行的。医生说得对，我就算考上了，也通不过严格的训练。”

“那你留广州做什么事？”

炳阳说：“叔祖，我是这样想的，即便这次通过体检，去黄埔学习，我从来没有军队生活的体验，也没有参加战斗的经历。如果这样从军校出来以后，又如何能带好兵？打好仗？”

戴昌斌欣慰地说：“你能自己想通了，我很高兴，你还是和他们一起回家去吧。”

炳阳说：“我坚决不回去！我已经想好了，要到建国粤军当一名下等兵，既锻炼自己的体魄，又亲身体验士兵生活，对自己也是个锻炼，然后再考陆军军官学校。我想，经过一段时间的锻炼，身体一定会达到学校招收学员的要求。叔祖公，你看怎样？”

戴昌斌连连点头：“好好好，难得有这样的想法和决心，我支持你的这个决定。经过磨炼，你一定会成为优秀的革命军人的。”

在戴炳阳的带动下，鲁恢亚、王献庭也决定不改初衷，留下来复习，等来年与戴炳阳同时再考。

果然，戴炳阳说到做到，去粤军成了一名二等兵。军队的生活是十分艰苦的，每天早上，天不亮就要起床晨练，一天还有许多军事训练的课程，虽然炳阳曾参加过农业劳动，但这对长期以来在备受家人爱护的家庭环境中长大的读书人来说，无疑是一次体能的磨炼，也是一次意志的考验。对在部队中可能出现的苦和累，炳阳在未到部队之前都想到过。他咬紧牙关，不断地鼓励自己，一定要顶住并克服这段困难的时日。在艰苦训练的同时，他坚持每天用冷水冲凉来增强自己的体质，也磨炼自己的意志。

当时，建国粤军外出训练时就只能住在破庙或一些村庄的祠堂里，这些地方还经常停着尸棺，晚上就显得更为凄凉。在这样的环境里，白天站岗放哨尚可，到了晚上，阴森的气氛令人毛骨悚然。对炳阳这个文弱书生来说，轮到他晚上站岗放哨又是一种考验。开始时，轮到炳阳晚上值勤，他十分害怕，但是想到自己是革命军人，便硬着头皮执行任务。他心里想，参加革命死都无所惧，还怕什么死人，还想，如果真有什么鬼来，就和他拼。以此来给自己鼓气、壮胆。经过多次执行任务，他慢慢地就适应了，胆子也变得大了起来。

对这一段经历，他以后对大儿子覆东说：“我不是生来就是这么胆大不怕死的，我原来胆子也是很小的，害怕黑暗，害怕死人，但是军旅的生活锻炼了我，改变了我。所以一个人只要不怕困难，勇于进取，这样就能得到进步。”

几个月的二等兵生活，使炳阳不仅身体健壮起来，而且意志也更为刚毅，为他后来的军旅生活打下了坚实的基础。

小贴士

黄埔军校：黄埔军校建校时的正式名称为中国国民党陆军军官学校。因其校址设在广州东南的黄埔岛，史称黄埔军校。黄埔军校是近代中国最著名的一所军事学校，是第一次国共合作的产物。孙中山在开学演讲中提出“创造革命军，来挽救中国的危亡”作为办校宗旨。黄埔军校首任校长是蒋介石。黄埔军校为国共两党培养了许多人才和干部，在北伐战争和抗日战争发挥了巨大作用。作为中国现代历史上第一所培养革命干部的新型军事政治学校，对中国的影响至为深远。

1924年底，戴炳阳再次来到黄埔报考陆军军官学校第三期，看着自己健壮的体格，黝黑的皮肤，信心满满。为了顺利通过考试与体检，他改名炳阳为安澜，取号为海鸥。

安澜之意出自《文选·王褒〈四子讲德论〉》："天下安澜，比屋可封。"李善注："澜，水波也，安澜，以喻太平。"明无名氏《运甓记·帅阃宾贤》："用之将帅，必能扶弱鼎于安澜；委以一方，定可起疲民于衽席。"清梁清标《送张伯珩同年按蜀》诗："按部诸侯争负弩，洗兵三峡见安澜。"

戴炳阳改名戴安澜，意为自己报考黄埔军校目的，就要勘定乱流，使天下太平，表达了投笔从戎，一定要荡平

黄埔军校大门

澄清军阀混战的局面。号海鸥，表明他有像海鸥一样在大海上展翅高飞的决心。

戴安澜认为自己这次考黄埔一定能遂愿。果然一蹴而就，他顺利被录取为黄埔三期入伍生队。

黄埔岛距广州约20公里，乘汽船一小时即可到达。它四面环水，南连虎门岛，为广州的第二门户，地势十分险要，是历来兵家必争之地。如果乘船从珠江口进入，虎门要塞犹如两颗虎牙把守着水道。过了虎门，水道顿显狭窄，映入眼帘的就是长洲要塞所在地——黄埔岛了。陆军军官学校是国民党建立的军事学校，故名为“中国国民党陆军军官学校”；又因为校址位于广州黄埔岛上，所以又称为“黄埔陆军军官学校”。

戴安澜等一踏上黄埔岛，便感觉一股革命的热浪扑面而来。沿着一条土路前行，不远就是军校正大门。右侧前方，竖着一根旗杆，在蓝天的映衬下，青天白日满地红旗，在风中猎猎作响。军校的大门，十分简朴，两根护柱顶着三角形的门脊。上端，一块长方形的木版上，白底黑字，镌刻着“陆军军官学校”六个醒目的大字；校本部楼前有令军校学生铭心刻骨的一副楹联：

左联：升官发财请往他处；

右联：贪生怕死勿入斯门。

横批：革命者来

戴安澜在黄埔第三期入伍生队期间，正因为有了军旅生活的锻炼，对于军校理论和术科都游刃有余，名列前茅，得到了政治部主任周恩来的赞赏。

这时，戴安澜又有了意外的惊喜，原来他叔祖公戴昌斌在保定军校第三期的老同学、老乡张治中从建国桂军军校来到了黄埔军校，并代理第三期入伍生总队上校总队长。戴昌斌也向张治中引荐戴安澜，更主要的是戴安澜在黄埔的优异表现很快引起张治中的注意并青睐有加。

张治中，字文白，安徽省巢县（今巢湖市）黄麓镇洪家疃人，时称黄埔军校“八大金刚”之一，是黄埔系骨干将领。

中国有句俗语：老乡见老乡，两眼泪汪汪。在交通不发达的封建时代，小农经济下的小国寡民的状态和鸡犬之声相闻老死不相往来的社会氛围，生活在乡间的人们很少外出，一旦外出，猴年马月不得还家。因此，在外乡能遇上一个同乡，自然悲喜交集，嘘寒问暖，了解各种家

军校第三期入伍生总队长张治中

乡的信息。两眼泪汪汪也就是很正常的事情。

学习和训练之余，张治中经常找戴安澜拉家常，浓浓的乡音，一下子就拉近了两人的关系，戴安澜也从这位前辈身上学到了不少优良的品德和军事素养。

经过半年的锻炼，戴安澜入伍期满，升入黄埔第三期。1925年7月1日，黄埔军校第三期举行开学典礼，学校的许多领导都到场。三期的学员整齐地坐在军校的大花厅里，在教官的统一指挥下，学员们高唱黄埔军校的校歌：

莘莘学生，亲爱精诚，
三民主义，是我革命先声。
革命英雄，国民先锋，
再接再厉，继续先烈成功。
同学同道，乐遵教导，
终始生死，毋忘今日本校。

以血洒花，以校作家，

卧薪尝胆，努力建设中华。

这首校歌戴安澜早就会唱了，但是他觉得今天唱起来格外不一样，真是热血沸腾、心潮澎湃。尤其是年轻英俊的政治部主任周恩来向三期的同学们表示热烈的欢迎，并发表了热情洋溢的演讲，那一幕让戴安澜终生难忘，周恩来说道：

诸位官长、同学：今天这样盛大典礼，我们知道有一个很大的意义。……革命党员守纪律，比在任何政党中还要紧要，这是革命最重要的一个元素……在革命之下，守革命党的纪律，并不是强迫的，是各同志甘心愿意遵守的；每天的军事训练、军事教育是甘心接受的。总理曾说：谋人类的自由，就要去掉个人的自由，这一点如果相信不彻底，一定不能革命。各位官长学生，趁些时间努力研究主义，在党的指挥之下，守严格的纪律，能如此做去，将来一定能够得到很好成绩。

我们无论求什么学问，如果只求一点观念，就是任何目的都不能达到，我们总要在实际上去做。我们这一年多的历史光辉，从诸位的思想行动上，传到全国革命青年身上，我相信将来中国的革命，一定有成功的可能。到了那时，才能以机关枪大炮报沙基惨案的仇。因为中国人在现在这个时候还有许多不知道近代的潮流，这完全希望各位作无线电机，将革命的思想传到全中国，使全国的民众革命化。再希望各位不要自高自大，要虚心求学，以达到学业成功，而实行革命。

周恩来主任的充满激情的讲话，深深地打动了戴安澜的心。他一字一句地听，深深地印在自己的脑海里。

在军校学习期间，戴安澜受到孙中山先生新三民主义的熏陶和国共两党第一次合作的影响，受到周恩来、恽代英和高语罕的政治思想教育，在黄埔军校如饥似渴地学习，得到老师和同学们的尊重和信赖。郑洞国将军在纪念戴安澜将军殉国 40 周年的文章中说："在黄埔军校三期时，（戴安澜）是周恩来总理赏识的学生之一。"

1926 年，戴安澜黄埔三期毕业后被分配到国民革命军总司令部任排长。此时，张治中在总司令部任副官长，着手筹备北伐工作。

眼看戴安澜已经到了谈婚论嫁的年龄，何况家里已经为安澜相了一门亲，是当地一位姑娘王荷馨。戴安澜原本想再等几年结婚，而家乡的风俗，女儿一过 20 岁就必须找个婆家，要侍奉公婆。于是家里多次写信催戴安澜回家结婚，戴安澜提出种种理由说明无法还乡。他与叔祖公戴昌斌商量，最后由戴昌斌写信回家乡，要老家派人把他儿子戴日新的未婚妻梅少兰和戴安澜的未婚妻从无为送至广州完婚。1927 年 1 月 5 日，戴安澜与王家姑娘荷馨结为伉俪。

小贴士

沙基惨案：1925 年 6 月 21 日，为声援上海的罢工工人，香港、广州工人也进行罢工。6 月 23 日，广东各界举行了声讨帝国主义在上海制造“五卅”惨案大会，会后举行了游行示威。中共广东区委主要领导人陈延年、周恩来均参加了游行。下午 2 时 15 分，游行前队抵达沙基，已经处于戒备状态的英法军队立即用机枪向沙基扫射，当场死亡多人。为避免事态扩大，参加游行的中国军人和军校学生均遵守纪律未予还击。

黄埔军校礼堂(大花厅)

北伐军北上之后,1927 年春,黄埔军校入伍生第二团接管北伐军移交的东江防守任务,由广州市沙河营地来到东莞县。戴安澜来到该团,担任第八连第三排排长。在部队里他经常给学生讲林则徐烧鸦片,在黄埔岛上英勇抗英的事迹。他曾经说:“中国历代出了许多英雄,也有过辉煌的历史,今天之所以沦为半殖民地,并不是外国鬼子怎样能干,而是我们自己太不争气,特别是一些腐败的官僚政客,无识无能,贪生怕死,爱财争禄,才造成这样的后果。”

他担任连值星排长时,对于学生十分关心。晚上出来查哨,发现这些年轻的学生身着单衣,在寒风中打冷颤,他心疼地摸着他们冰冷的手,问这些站岗的学生冷不冷,学生回答有点冷。戴安澜没说什么就转过身走了,不一会儿,拿了夜哨应穿的棉衣返回来,要每一个哨兵都穿上,并责备带班的见习排长,要求夜哨兵每天都要穿棉衣,并语重心长地说:“这些入伍生年纪轻,有的奶气尚未脱掉,不知爱惜自己的身体,如冻坏了,我们当排长的有责任。”一席话使得学生们十分感动,与他更亲近了。他对学生们说:“要做革命军人,就要做出一番革命事业,大丈夫要立功于沙场;要做出一番事业,就要有坚强的斗志,否则就不能战胜敌人;青年人唯一的出路是奋斗、奋斗、再奋斗!”

1928 年初,戴安澜调任国民革命军第一师的连长,从广州来到南京,参加国民革命军总司令蒋介石指挥的二次北伐。

第二章　抗日先驱

济南惨案

1928年1月8日，国民政府明令蒋介石复任国民革命军总司令，进行第二次北伐。

当时，奉系军阀的安国军亦号称百万，共有七个方面军团，分别以孙传芳、张宗昌、张学良、杨宇霆、张作相、吴俊升、褚玉璞为军团总司令。其作战部署是：对京汉路、津浦路取攻势防御，对正太路、鲁西、大名一带取攻势，参加作战的兵力达60万人。

国民革命军由第一、第二、第三、第四集团军组成，蒋介石、冯玉祥、阎锡山、李宗仁分别担任这四个集团军的总司令，共约100万兵力。北伐的作战部署是：以何应钦为北伐军总参谋长，留守南京；第一集团军沿津浦线北进；第二集团军沿津浦、京汉两线间的鲁西和直南向北推进；第三集团军由京绥、正太线东攻；第四集团军由京汉线北上，然后各路会师北京。

4 月 7 日，蒋介石在徐州誓师北伐。4 月 10 日，下达总攻击令，第一、第二、第三、第四集团军，分别向奉军发起进攻。

小贴士

二次北伐：北伐战争开始于 1926 年 7 月。北伐军势如破竹，打败了吴佩孚和孙传芳，占领武汉、南京、上海，达到陇海线。1927 年 8 月上旬，由于内部矛盾，总司令蒋介石宣布下野。第一次北伐告一段落。

二次北伐指北伐战争的第二阶段。1928 年，国民党领袖蒋介石联合新军阀冯玉祥、阎锡山和李宗仁发动对奉系军阀张作霖的战争。因国民党称这次战争是北伐战争的继续，故称为“二次北伐”。1928 年 4 月 7 日，蒋介石在徐州誓师北伐。在击败军阀张宗昌、孙传芳后，奉系张作霖被迫撤回东北，途中被日本关东军炸死于皇姑屯，其子张学良宣布东北易帜，中国获得了形式上的统一。

4月27日，第一集团军攻克山东泰安，大破张宗昌、孙传芳直鲁联军主力，直鲁联军向黄河北岸溃退。第一集团军所向披靡，于5月1日顺利地占领济南城。

那天一大早，随着清晨第一缕阳光的到来，沉睡中的古城从梦中醒来。城门被吱吱嘎嘎地推开，一支雄赳赳气昂昂的队伍，打着国民革命军的军旗，迈着整齐的步伐，进入济南城区。威武雄壮的军威，严明的军纪，立即引发了全城的沸腾。街道两旁都是围观的市民百姓，挥舞小旗，欢呼拍手喊口号，热烈欢迎北伐军进城。看着眼前景象，戴安澜心潮澎湃：打下济南，北京在望，推翻北洋军阀的黑暗统治，实现总理孙中山统一中国的遗愿，指日可待了。根据安排，部队在商埠一带扎营。作为北伐军统帅的蒋介石也骑着高头大马，在前呼后拥下，进入济南城旧署之中，大门前挂出"国民革命军总司令部"的牌子。

就在这时，从青岛通往济南的山道上，一支日军先头部队偃旗息鼓，衔枚疾走。原来，日本军阀为实现其控制华北的目的，想阻挠国民革命军北伐，便以保护侨民为由，派遣第六师团从青岛登陆。当听说北伐军已经进入济南，斋藤旅团在福田师团长率领下，以强行军速度，向济南进发。这支先头部队，动作迅速，于5月2日上午11时赶到了济南，迅速在济南商埠大马路、三马路和纬一路、纬三路之间划成东守备区，在二马路、六马路和纬六路、纬十路之间划成西守备区。各个守备区都在街道交叉路口堆积沙包，设置活动电网，日军荷枪实弹瞄准马路上往来的中国人。

5月3日上午，商埠一带传来了零星的枪声。戴安澜以为是哪个部队枪走火，一会儿枪声便密集起来，戴安澜知道有情况，立即通知部队做好战斗准备。不久就传来消息：进城的日军向驻扎在商埠的部队发动突然袭击，企图一举赶走这些部队，威胁国民党放弃北伐计划。日军在发动武装挑衅的过程中，所到之处，见人就开枪，我军官兵无论是在马路上行走的，在商店购买东西的，在澡堂洗澡的，在理发店理发的，以及负了伤不能行动的，几乎都遭杀害；尤其令人发指的是日军还大肆屠杀手无寸铁的济南民众，还残杀了国民党战地政务委员会外交公署兼山东特派交涉员蔡公时和职员等17人。日军还炸毁了济南的无线电台，事前未提出警告撤离，以致该局职工大多被炸死。据事后统计，在济南惨案中先后被日军杀害的中国军民总数达3625人。

作为军人，以保国保民为职责所在。眼见日军的挑衅步步加剧，恣意开枪杀人，戴安澜怒火中烧，命令部队严阵以待，并派出通讯员立即向营部请示要不要增援。

在济南惨案中日军枪杀无辜百姓

然而，等来的上级命令却是令人不敢相信：不要与日军发生冲突，立即撤出济南。

原来"济南惨案"发生后，蒋介石为了不让日军的挑衅乱了北伐大计，决定忍辱一时，不与日军交战，绕道北伐。他给第一集团军所属各部下达"全军向北方进军"的命令。

从那天起，蒋介石定下报仇雪恨之决心。他在当天的日记中写道："吾恭逢其惨，不能不为我部属痛耳！余自定日课——以后每日6时起床，必作国耻纪念一次，勿间断，以至国耻洗雪后为止。"

同样，身在济南城内的戴安澜亲身经历了这一事件，看见许多官兵、民众被日军残害的惨景，痛彻心扉。血性男儿，义愤填膺，恨不得立即冲上前杀敌，但作为军人，他必须执行上峰的命令，不能与对面的日军决一死战，只能带着队伍，忍辱负重，撤出了济南城。

就是从那一天起，戴安澜就下定决心，总有一天要在抗日战场上向日军讨还血债。就在“济南惨案”发生前不久的 4 月 25 日，戴安澜的大儿子呱呱坠地了，为了表达与日寇血战到底，消灭日本帝国主义的决心，他为儿子取名“覆东”，意思是要覆灭东洋！以后，他又为二儿子取名“靖东”，三儿子取名“澄东”，意思是要绥靖东洋、澄清东洋。对出生的女儿则取名“藩篱”，意思是要守好家园，阻挡敌人的入侵，保卫国家的安全。

戴安澜与妻子王荷馨及子女合影，前排右起：覆东、藩篱、靖东、澄东

当大儿子覆东懂事之后，戴安澜深情地把覆东这个名字的内涵讲给儿子听，并说："日本帝国主义是我们的死敌，我们只有打败它、消灭它，中国人才能有好日子过。"

直到十二年以后，戴安澜对济南"五三惨案"记忆犹新，对日寇的罪恶行径刻骨铭心。1940 年正值抗战最艰苦的年代，5 月 3 日为"济南惨案"十二周年纪念日，为坚定抗日的意志与毅力，戴安澜在那天的日记中写道："余身历此役，故印象特深，至今不忘。"

长城抗战

1933 年 1 月，日军进占山海关。2 月 17 日，关东军司令官武藤信义发出进攻热河作战准备的命令，日军第八师团铃木旅团与川原旅团占领辽宁朝阳以南的叶柏寿与建平县，并向西南方向的河北扩展，向长城靠近，准备进一步攻而占之，开启了进攻华北的序幕。长城各口战局顿时紧张起来。

长城抗战终于开始了！

2 月 25 日，蒋介石下令中央军第十七军北上，派出陆军大学校长杨杰赴北平，襄助军事委员会北平分会委员长张学良指挥对日作战。第十七军是本年初刚刚组建的部队，军长徐庭瑶，下辖关麟征第二十五师、黄杰第二师和刘戡第八十三师。

1932 年末，中央教导第二师独立旅关麟征部和补充第一团戴安澜部、补充第二团梁恺部合并编成第二十五师。关麟征升任师长；杜聿明任七十三旅旅长，辖一四五团（团长戴安澜）、一四六团（团长梁恺）；张耀明任七十五旅旅长，辖一四九团（团长王润波），一五〇团（团长张汉初）；覃异之由旅参谋主任升师部上校参谋处长。部队集中徐州、蚌埠一带整训。

关麟征

在出发前的誓师大会上，戴安澜带领全团官兵在广场上整齐列队，精神抖擞，看到第一四六团团长梁恺，戴安澜与他相视点头，相互用目光鼓励对方。

师长关麟征向全体出征将士作战前动员，痛斥日寇的罪行，全体官兵义愤填膺，个个摩拳擦掌，冀盼早日奔赴战场。戴安澜更是感同身受，不禁想起了 1928 年 5 月 3 日的“济南惨案”以及三年之后的“九一八事变”。

1931 年 9 月 18 日，日军为夺取中国的东北，在夜里，炸毁了南满铁路柳条湖一带的铁路，污蔑是中国人所为，向沈阳北大营的中国军队发动进攻，而东北军遵照上峰不与日军抵抗的命令，不敢向日军开火。一夜之间，沈阳陷落；三月不到，东三省沦陷。当时全国人民要求抗日的声浪席卷全国，作为军人，戴安澜更感到肩上的责任重大。他渴望着上战场为国雪耻，为民报仇，抱定了北上与日寇决一死战的决心。

此时的日本，狼子野心愈发膨胀，得陇望蜀。

张学良认为布防热河的东北军不足以应付日军的进攻，要求蒋介石调兵北上支援。蒋介石即命戴安澜所在的中央军第二十五师立即北上参加长城抗战，限 3 月 5 日到达通县集中。

师长关麟征接到出发的命令不敢怠慢，将所兼徐州警备司令奉令交李延年(第九师)接替，但军需署尚未下发 3 月份的伙食费，更别说军饷。军情如火，关麟征临时向地方上借了 10 万元，部队就开拔了。

2 月 26 日，部队乘车向北进发，一路上，当钢轮与铁轨碰撞发出有节奏的摩擦声，在戴安澜耳中，全是“抗日抗日……”的呐喊声。他的内心一直不能平静，不停地翻看军事地图，思索着如何迎接即将到来的残酷的战斗。为了防止日本间谍刺探情报，军车外蒙着帆布，昼止夜行，白天所有人都猫在闷罐子车内，不准发出任何声响，只有到夜幕降临，车开后，才敢拉开一道门缝，大伙透透气。直到 3 月 2 日，戴安澜团到达通州。

师长关麟征命令杜聿明先行赴北平到顺承王府，向张学良报到，了解前线战况，请示机宜。

第二十五师各团利用战前短暂的间隙，抓紧时间休息。一声令下，官兵们立即进入沉沉的梦乡。

初春的清晨，四野一片漆黑，天寒地冻，阒无人声。“滴滴答答”嘹亮的军号声响起，各班迅速起床，由营、连长带着队伍跑步来到集合地点，战士们口中呵出的热气与寒冷的空气交汇，形成了一片片白色的雾气。

小贴士

北平：北京在历史上曾经使用的城市名称之一。明朝洪武元年，即 1368 年 9 月 12 日，大都更名为北平府，取“北方安宁平定”之意，北平第一次成为北京的名称。1928 年 6 月，国民革命军占领北京，推翻北洋军阀政府的统治。6 月 20 日设立北平特别市，相当于今日的直辖市。

严寒中，团长戴安澜屹立在打麦场上。他对官兵们说，只有平时多流汗，战时才能少流血，部队要利用战斗前的间隙，抓紧训练。

原来这支部队是准备调到江西去“剿共”，有的战士还穿着单衣，穿着草鞋。更要命的是很多士兵没有经过实战锻炼，甚至连手榴弹实弹也没练习过，更别提什么现代战争所需要的防空、现代筑城教育以及对付战车、大炮的经验了。

在火车上，戴安澜仔细研究了日本的装备和素质训练，针对日军的特点，有针对性地制定了部队从内战到外战的转变方法和训练计划。在他的带领下，拼刺刀、练投弹、挖战壕……部队立即投入了热火朝天的战前练兵高潮之中。

此刻，热河前线形势又有重大变化。作为热河前线主官的汤玉麟，在一番抗日的豪言壮语后，却带着贵重的物品、细软与家眷，脱离数万部队，逃回关内。主帅一逃，军心大乱。省会承德弃守，日军只派遣了 128 人的先遣队就袭占承德。东北军各部乱哄哄地向长城一线溃退。

3 月 5 日，第二十五师在通州集结完毕。此时，军部仍在蚌埠，于是该师直接归军事委员会北平分会指挥。

3 月 6 日，军分会委员长张学良命令该师赴密云待命，部队立即强行军奔赴密云。直到7日下午6时，第二十五师赶到密云，埋锅造饭，找宿营地，还没安顿好，师长关麟征就接到张学良急电：日寇突破东北军防线，已接近古北口，令第二十五师急赴古北口布防。

关麟征师长立即召集各旅、团长开会，说明当前的形势，要求各部队立即整装待命，随时准备出发；同时与第六十七军王以哲军长联系，了解前线发生的情况，做好战前的准备。

7日深夜11时，戴安澜率领第一四五团奔赴古北口。天明以后，只见对面黑压压而来的全是东北军车马人员，狼狈不堪向南逃窜，毫无秩序，道途为之堵塞。戴安澜急得直跺脚，但毫无办法，部队连续行军二百多里的路程，一路很少休息，加之从南方到寒冷的北方，战士们不仅十分疲劳，而且官兵们的衣着单薄，很不适应这风寒的气候。但他们抗击日寇的热情并没有减弱，士兵的激情给了戴安澜极大的欣慰。直到10日凌晨4点，第二十五师才抵达古北口。

关麟征师长与王以哲军长联络上，方知日寇是多兵种联合，但兵力不详，现已逼近长城。第一一二师正在与敌对抗之中。关师长命令第二十五师占领古北口街市南门两侧高地，并向左右延设第二道防线。随即关师长召集旅、团长紧急会议，命令：第七十三旅按第二道防线要求进驻阵地，戴安澜第一四五团之第一营担任右翼龙儿峪方面之警戒，与第一线的第一一二师最右翼的将军楼防线相呼应。

古北口长城的一段

会议结束后，各战斗单位进入预设阵地。戴安澜率领各营营长在负责防守的地段上观察地形。这时，师长关麟征、旅长杜聿明视察了各团阵地。关师长看完阵地的布防之后表示满意，说："师部就设在古北口南门外的关帝庙。"

3 月 10 日上午，第二十五师刚布置完毕，两架敌机由北而来，在古北口上空盘旋良久，进行侦察后，又掷弹而去。不多时，又来 5 架敌机，在阵地上空盘旋轰炸，之后，每隔一小时，都有一队敌机前来，轮番轰炸，从早到晚，接连不断。古北口一带高地多为坚硬的岩石，构筑工事和掩蔽部极为不易，再加上部队没有对空作战的有效武器，又没有对空作战的经验，未战之前，已经有很大的伤亡。

由于敌人的进攻目标是在古北口。攻击点是右侧第一一二师及第二十五师驻防的结合点龙儿峪，第一四五团首当其冲。在战斗间隙，戴安澜到各营检查，看到伤亡巨大，心中十分沉痛，但是看到全体战士决心抗击日寇的斗志，又使他备感欣慰和鼓舞。他与各营连长简单碰头后，向关麟征师长报告了部队伤亡情况，预料下一次战斗，第二十五师右翼仍将是敌人攻击的重点目标，希望师部在力量的配置上要考虑这一点。关师长十分重视这一意见。

是夜，戴安澜不敢稍歇，抓紧调整作战部署，让部队修复阵地，准备明日的大战。

3 月 11 日拂晓，日军开始总攻，飞机、大炮轮番向第一线阵地发起攻击，阵地上一片火海。到上午 10 时许，东北军第一一二师阵地就丢了。日军占领关口后，乘胜向第二十五师右翼第一四五团阵地进攻。另一部日军在第一四五团侧背出现，阵地受到两个方向的攻击，戴安澜立即调整防线，并将预备队集中起来待命，以应不测。同时，向旅部、师部报告战况的急剧变化。关麟征得知这一战况后，要戴安澜一定要坚守阵地，这样才可能恢复将军楼阵地。戴安澜表示决心与阵地共存亡。

关麟征师长率特务连赶往右翼前线，拟强占潮河支流北岸（干沟）高地，指挥第七十五旅恢复将军楼阵地。11 时，敌人将第七十三旅一四五团与第七十五旅之间的交通切断，消息不通。关师长推进至山腰时，即遭敌人伏击。关麟征身旁的士兵发现日军后，慌乱之中未拉引线就投手榴弹，不但没有爆炸，关麟征反被日军投来的

王润波

手榴弹炸伤了。但关麟征坚持不下火线，指挥第一四九团与敌搏斗。敌人的一个火力点，将第一四九团将士压在谷地里，密集的子弹如雨点般飞来，打得大家抬不起头来。在这危急之际，王润波团长一手执枪，跃出掩蔽体，警卫排紧跟其后，前进三四米。王润波被日军炮弹击中，壮烈牺牲，时年 28 岁。

这时，戴安澜与二营营长赵永善高呼："冲啊！快去救师长！"

他们身先士卒，跳出壕沟，带领战士跑步冲上与敌展开白刃战，击退了敌人，稳住了阵地，并轮流把关麟征师长

小贴士

王润波：四川开县（今重庆开县）汉丰镇西津坝人，1905 年 4 月 27 日生，字启大。黄埔军校三期学员。国民革命军第二十五师第七十五旅第一四九团陆军上校团长。1933 年 3 月 9 日在长城抗战中牺牲于河北省古北口。国民政府追晋王润波为陆军少将。1987 年 4 月 14 日，四川省人民政府批准追认王润波为革命烈士。

背了下来。事后人们说，若非戴安澜、赵永善“救驾”，“关公”休矣。至此，第一四五团与第一四九团交通始获安全。

关麟征负伤后，任杜聿明为副师长代理师长，调第一四六团团长梁恺为第七十三旅旅长，继续对敌作战。双方都杀红了眼，短兵相接，反复冲杀，战斗呈白热化。日寇虽然连续发起冲锋，但都被中国军队击退。激战一日，第二十五师仍坚守阵地，日寇未能越雷池一步。

12日拂晓，敌又以主力向第一四五团正面攻击，同时以大部分兵力向第二十五师侧翼延伸包围，由于第一一二师不敌日寇攻击而放弃了长城第一线阵地，使第二十五师陷于孤立，全线战况异常惨烈。日寇以轰炸机数十架，竟日不断向第二十五师阵地轰炸，敌重炮兵接连不断地集中向第一四五团阵地猛烈射击。该团官兵死伤枕藉，宁死不屈，虽众寡悬殊，死伤相继，但仍坚守各个阵地与日寇激战。

中午时分，战况愈发于我不利，有线电话及无线电均被敌机炸毁，前线后方失去联络，部队各自为战。戴团一连官兵竟伤亡近80名，所剩仅20多名，甚至有班长全部阵亡之连队。戴安澜看到这一情况，悲痛、焦急、愤怒的情绪在胸中激荡。他命令各营连采取各自为战，占领有利地形，不断交换阵地，采取收缩击敌的战术，在给敌予重创的同时，保存自己的有生力量。官兵们拚尽全力与敌人肉搏。这时，戴安澜已多处受伤。

下午 2 时，日军已迂回到古北口东关附近。驻扎在关帝庙的杜聿明司令部被敌机关枪封锁，杜聿明与张耀明离开司令部前往古北口南高地预备阵地指挥。此时，第一线部队溃退下来，不久，第七十三旅旅长梁恺负伤，阵地完全崩溃，各部队长官对自己的部队失去了掌握，战况发展于中国军队十分不利。激战至下午 3 时，第一四五团及第一四九团的战斗力消耗殆尽，但是日寇在右翼的包围之敌有增无减。这时我电报局人员已撤退，师部的无线电也遭炸毁，消息不通，后援不济。在此情况下，第二十五师各团变换阵地至古北口西南五里的南天门一带高地，缩短防线，经过辗转后撤集中。当晚 7 时，师各部队全部到达新防线，隔潮河与敌对峙。

在战斗中，第一四五团官兵在向后收缩撤退时，与前沿阵地哨所无法联系，故而未能通知在前沿哨所的战士撤退。当得知还有战士未撤下来，戴安澜焦急万分，大声训斥："通讯兵是干什么吃的？我要枪毙他们！"

通讯连连长流着泪说："不用了，派去的弟兄们一个也没回来……"

戴安澜难过地说："把守在前沿哨所的弟兄们和牺牲的通讯兵的名字报上来，我要给他们请功……"

此时，坚持在前沿阵地上的一个班的弟兄们已经到了最后的时刻。他们消灭日寇近百名，阵地前到处是敌人的尸体。日寇攻不上去，只能请求派飞机前来轰炸，又调集炮兵进行密集射击。勇士们知道已无生路，多杀一个赚一个，毫无畏惧之心，依然顽强战斗，最后全部壮烈牺牲。日寇发现，哨所仅七人的战斗小组竟能发挥出这样巨大的战斗力，不得不佩服他们英勇顽强的精神。日军将七具中国士兵的遗体埋葬起来，并插上“支那七勇士之墓”的木牌，集体向这些对手表示钦佩。

入夜以后，杜聿明重新调整部署，收缩防线，将师指挥部设于南天门。当晚，第十七军军长徐庭瑶到达密云。他与杜聿明通电话后，决定将黄杰第二师星夜调上南天门，第二十五师撤到密云整补。

古北口长城之战，第二十五师与敌共激战三昼夜，官兵伤亡 4000 余人，师长负伤，团长中阵亡一人，负伤一人，营长中受伤六人，连排长死伤四分之三，士兵死伤五分之三。在这场战斗中，日寇死伤 2000 余人。日寇不得不承认这里是激战中的激战。

古北口战役之后，日寇又发动了南天门战役、新开岭战役与石匣战役。日军因遭到中国军队的顽强抵抗，损失惨重，无力再战，双方签订了《塘沽协定》，长城战事遂告一段落。

第十七军撤回北平。第二师驻南苑营房，第二十五师驻北苑营房，第一八三师担任北平城防。北平学生的爱国热情高涨，纷纷要求军训。第二十五师根据学界要求，在柏林寺成立学生军训总队，关麟征亲任总队长，每期一月，接训一千人左右。

戴安澜根据长城抗战的得与失，有针对性地整理了军训大纲，指导爱国学生军训。后来何应钦找关麟征谈话，希望停办。关麟征宣布解散军训时，学生痛哭，关也流泪，给北平教育界对关麟征及第二十五师留下很好的印象。

小贴士

塘沽协定：1933年3月至5月，中国军队在长城一线顽强抵抗、浴血奋战，但日军装备精良训练有素，长城沿线仍失守，平津危急。之后成立驻北平政务整理委员会，由黄郛、何应钦与日本代表梅津美治郎签订《塘沽停战协定》。塘沽协定后，划冀东20多县为缓冲区(后来成立了汉奸殷汝耕的傀儡自治政府)。

日本军国势力，既得陇又望蜀，狼子野心不可遏制。

1935 年 5 月 2 日夜和 3 日凌晨，天津日租界汉奸报《国权》社长胡恩溥、《振报》社长白逾桓相继被杀。日本指责此系国民党蓝衣社所为，是排日行为，向国民政府北平分会施加压力。与此同时，5 月 15 日，在热河南部活动的抗日义勇军孙永勤部受到日本关东军的追击退入长城以南的“非武装区”。5 月 20 日，关东军越过长城，在与国民党军夹攻下消灭了这支抗日武装。日本指责中方破坏《塘沽协定》，由日本天津驻军参谋长酒井隆于 5 月 29 日向国民党政府提出交涉。这就是所谓“河北事件”。日本利用这一事件，以武力恫吓，强迫国民党政府接受日本提出各种要求。5 月 29 日，华北军分会代理委员长何应钦与日方代表开始秘密谈判。

1935 年 6 月 9 日，日本驻北平武官酒井隆约见何应钦，就胡、白被杀事件，向何应钦递交了日本华北驻屯军司令官梅津美治郎拟订的“备忘录”，要求国民政府宪兵第三团、军委会政训处等撤出华北。以上机构都是蒋介石为加强对华北的控制而设，阻碍了日本使华北脱离国民政府而实行“自治”的阴谋，因此为日军嫉恨。酒井隆还要求国民党中央军撤出河北，并罢免对日本态度强硬的河北省主席于学忠。事关重大，何应钦忙向蒋介石报告，并在此后分几次与酒井隆当面进行交涉。

6 月 10 日，何应钦第四次与酒井隆面谈协商此事时，酒井隆又使出流氓无赖的手段。他把鞋子脱掉，放到谈判桌上，然后盘腿坐在椅子上，并不时地用佩刀敲打桌子，要求何应钦按照日方拟订的条约签字。何应钦没有应允，酒井隆竟大发脾气，骂骂咧咧地出了门，没走几步，即解开裤带，不避周围众人，当院小便起来，弄得何应钦哭笑不得。

何应钦为避免日方的纠缠，于 6 月 13 日回南京向国民政府汇报。经蒋介石授意，在与日方多次秘密会商后，何应钦于 7 月 6 日正式复函梅津美治郎，表示对“所提各事项均承诺之”。

消息一出，全国舆论大哗。在戴安澜等将领的坚决反对下，师长关麟征给蒋介石去电：“如果不战而撤出北平及河北省，将会丧失民心，影响中央威信。”

但是此电未被蒋介石采纳，要求关麟征等以大局为重，按时撤退。

第二十五师撤离时，戴安澜最后看了一眼古老的北平城墙，步行来到长辛店东站，中央军第二十五师在这里集中登车，北平教育界的一些朋友前来送行，挥泪话别。戴安澜迈着沉重的步履登上军车，对前来欢送的父老乡亲大声疾呼:“北平！我们一定会回来的!”

撤离途中,遥望越来越远的古都北平,戴安澜决心忍辱负重,化悲愤为力量,厉兵秣马,枕戈待旦,将来率军浴血疆场,抵御外侮,挽回耻辱。

戴安澜从抗日前线回到陕西咸阳防地。不久,第十七军番号取消,该师以其不俗的战斗力引得军事委员会的青睐,改隶军事委员会直辖,下辖两个步兵旅四个步兵团。

戴安澜痛定思痛,深感中国军队的武器装备与士兵的

小贴士

何梅协定:1935 年 5 月,已通过 1933 年签订的《塘沽停战协定》将其侵略势力渗透到华北的日本帝国主义,又向中国政府提出对华北统治权的无理要求。国民党当局在日本的淫威面前又一次屈服。《何梅协定》是何应钦和梅津美治郎往来的备忘录和复函。主要内容是取缔河北省的反日团体和反日活动。这个协定实际上放弃了华北主权。

基本训练存在很大缺陷，不能适应对日作战。他知道日本灭中国的野心一天不停止，头上悬着的这把"达摩克利斯之剑"早晚要落下来。因此，如何提高部队的训练与应付现代战争的能力，是盘旋在他脑海之中久久挥之不去的课题。

四年之后，戴安澜写了《痛苦的回忆》一书。在书的开始，他写道：

> 此书编撰目的，在保存个人经历和作本国教育之参考，与企图问世者不同，在取材方面，系以长城对日作战为背景，一半汇集各级长颁发之战斗指导，一半系在战斗时所经历者。长城之战，迄四年，而印象新鲜，犹如昨日，此盖因死难袍泽惨烈情形，感人至深，而动人至切，每一回忆痛苦万分，故此书定名为《痛苦的回忆》，亦示永久不忘之意耳。

此书作为练兵的教材，对部队的训练提出了积极有益并有针对性的具体意见，对于提高当时部队的战斗力，起了很大的促进作用。同时，戴安澜在书中明确指出：中日的关系，是站在两个极端，永远不能调和，只有互相隔离。因为，日本没有一个大胆的政治家敢签字，把东三省交还中国，这是纠纷的根源；它存在一天，就不得调和，不到你死我活、胜负分明的时候，这种纠纷是不会消灭的。所谓亲善、提携、调整这类的话，都是外交辞令。因此对日寇不能抱有任何幻想，而是要坚决斗争到底！

参加长城抗战的将领合影。前排右起：杜聿明、徐庭瑶、黄杰；后排邱清泉、郑洞国、刘嘉树。

第三章　铁血昆仑

七七卢沟桥事变

“七七事变”爆发前夕，北平的北、东、南三面已经被日军控制。这样，卢沟桥就成为北平对外的唯一通道，其战略地位更加重要。为了占领这一战略要地，截断北平与南方各地的来往，使华北完全脱离中国中央政府，日军不断在卢沟桥附近进行挑衅性军事演习，一场暴风雨即将来临。

1937 年 7 月 7 日下午，日本华北驻屯军第一联队第三大队第八中队由大队长清水节郎率领，荷枪实弹开往紧靠卢沟桥中国守军驻地的回龙庙到大瓦窑之间的地区。晚 7 时 30 分，日军开始演习。22 时 40 分，日军声称演习地带传来枪声，并有一士兵(志村菊次郎)“失踪”，立即强行要求进入中国守军驻地宛平城搜查，中国第二十九军第三十七师第一一〇旅第二一九团严词拒绝。日军一面部署战斗，一面借口“枪声”和士兵“失踪”，假意与中国方面交涉。24时左右，冀察当局接到日本驻北平特务机关长松井太久郎的电话。松井称：日军昨在卢沟桥郊外演习，突闻枪声，当即收队点名，发现缺少一兵，疑放枪者系中国驻卢沟桥的军队，并认为该放枪之兵已经入城，要求立即入城搜查。中方以时值深夜，日兵入城恐引起地方不安，且中方官兵正在熟睡，枪声非中方所发，予以拒绝。不久，松井又打电话给冀察当局称，若中方不允许，日军将以武力强行进城搜查。同时，冀察当局接到卢沟桥中国守军的报告，说日军已对宛平城形成了包围进攻

小贴士

卢沟桥：卢沟桥在北京市西南约15公里处，丰台区永定河上。因横跨卢沟河（即永定河）而得名，是北京市现存最古老的石造联拱桥。卢沟桥扼平汉咽喉，当北宁平绥两路冲要，不仅为北平命脉，且亦冀察两省的屏障，为兵家必争之地。

态势。冀察当局为了防止事态扩大，经与日方商议，双方同意协同派员前往卢沟桥调查。此时，日方声称的“失踪”士兵已归队，但隐而不报。

7月8日晨5时左右，日军突然发动炮击，中国第二十九军司令部立即命令前线官兵：“确保卢沟桥和宛平城”，“卢沟桥即尔等之坟墓，应与桥共存亡，不得后退”。守卫卢沟桥和宛平城的第二一九团第三营在团长吉星文和营长金振中的指挥下奋起抗战。

日军挑起“七七事变”后，在全国引起强烈反响。第二天，中国共产党中央委员会就通电全国，呼吁：“全中国的同胞们，平津危急！华北危急！中华民族危急！只有全民族实行抗战，才是我们的出路！”并且提出了“不让日本帝国主义占领中国寸土！”“为保卫国土流最后一滴血！”的响亮口号。

7月17日，蒋介石在庐山发表谈话，指出：“卢沟桥事变已到了退让的最后关头……再没有妥协的机会，如果放弃尺寸土地与主权，便是中华民族的千古罪人。”

日军在北平的行动，给中华民族带来空前严重的亡国危机。抗战御侮，救亡图存，成为中国各阶级、各民族最紧急的共同任务。为了国家尊严和民族生存，国共两党实行合作，决定予敌以坚决的抵抗。这样，就出现了团结抗日的局势。戴安澜这时仍任第一四五团团长，部队在陕西的礼泉。

7月27日，由于日本大举增兵，要夺取平津，并决定把战争扩大到华北以外地区。蒋介石决定了华北地区防御战的计划。其部署是：

（一）我军应仍照原定计划在沧（州）保（定）、沧（州）石（家庄）二线上集中构成阵地，期在此线上与敌作整齐之战斗。

（二）中央军以援助平津、期与敌在永定河地区作战之目的，先以主力集结于沧州、保定之线。

第二十五师接到命令，将于一两日内开赴前线，全体官兵极为振奋。就在这一天，由北平传来前方已收复丰台、廊房、通县的消息，全体官兵更为振奋，恨不得插上翅膀，马上飞到抗日前线。

庐山谈话

第二天，又有消息传来说收复的地盘又被敌人夺去。许多官兵或多或少有失望的情绪，认为中国国力不如日本。为了稳定官兵的情绪，增强对未来战斗必胜的信心，戴安澜在乘车前召集全团官兵训话。他对大家说：“只要是一个有远见的人，都知道一时的成败是无关大局的，战争是要看最终的胜利，军事上一时受挫，是不能决定战争结局。从国人的情绪上，可以看出他们对国事的关心！这是我们伟大中华民国的国魂，是我们民族复兴的坚固基础。”他又进一步向全体官兵指出：“中日的形势，是站在两个极端。日本占领我们的土地之后，还要根绝我们的抵抗心理，一个非常错误的政策！世界上从古至今，没有以单纯的武力征服另一个民族的。我中华民族是炎黄子孙，有五千年的文明史，区区日本，以小犯大，以逆犯顺，来灭我中华岂不是幻想？日本其实是一个外强中干的岛国，在目前这场战争中，我国是处于致人而主动的地位，日本是处于致于人而被动的地位，敌人在战略上说，是处于劣势。这次卢沟桥事变，国内各阶级团结抗战，群情激昂是历史上所没有的，而日本出征的士兵无不厌战悲观，这是胜败的关键。我国民族蕴藏的力量非常雄厚，现在统一对付日本侵略者，有了发挥的机会，它一定会燃起极大的火焰，给予侵略者以痛击，而完成其伟大革命使命，胜利的荣冠，一定属于我们！”

第二十五师各部从陕西兴平出发，军车日夜兼程，沿着陇海路、津浦路由西向东，再由南向北，经河南、山东向河北的方向不停地奔驰。

这次部队北上是大张旗鼓,浩荡向前。各排歌声不断,情绪高昂。在铁路部门的有力配合下,顺利前进。军车所经各站,当地民众都以满腔的爱国情绪,迎送这支奔赴抗日前线的队伍。经过济南、德州站时,市民还以鼓掌向征战的将士表示敬意和激励之情,戴安澜与官兵们也同样以鼓掌报答市民们,表示衷心的感谢!军民的抗战情绪已经融合为一了。一股暖流在戴安澜全身流动。他深深地感受到,全国同胞已结成一条坚固的战线,无论任何的艰难困苦,都只能使他的力量倍增。列车行驶在中原大地上,戴安澜从车厢敞开的拉门向铁路沿线的田野望去,秋季的庄稼茁壮地生长在田间。看着这一派喜人景象,出生于农村、曾经劳作于农村的戴安澜更是感触很深。他知道中国一旦有天灾人祸,农村总是首当其冲。而最近连年的丰收,民间经济已恢复不少,今年夏收又是大丰收。他感到以这样的储藏,在战争中不致发生粮

第一四五团团长戴安澜

食问题。想到这里，他不由自主地露出欢欣的微笑，因为这是最值得快慰的事。

此时，北平、天津战事不利。日军7月30日占领北平；31日，日本大批援军抵达天津。中国守军撤出天津。第二十九军从北平撤退的消息传到南京后，蒋介石于7月29日上午和下午召开了两次特别会议，讨论了第二十九军从平、津撤退以后政府的方针，决定派徐永昌为保定行营主任，将平汉、津浦铁路北段划为第一战区。蒋介石自己兼任战区司令长官，派第二集团军总司令刘峙，担负平汉线方面作战任务。

7月31日晚11时，戴安澜部所乘军车到达徐州站外，等候一个小时，才缓缓开进车站，但不见站上人员给机车加水。戴安澜在月台上急得来回踱步。这时，又来了数列列车，一时间，整个车站上人货集中，乱哄哄地毫无秩序。

戴安澜警觉地意识到，这么多军列火车和人员都攒成疙瘩，拥挤不堪，一旦敌机空袭，后果不堪设想，应该紧急疏散。他命令部属立即与车站站长交涉，得到的答复是站长不在车站，已经回公馆。戴安澜让车站调度员接通站长家的电话，但对方告知站长已经休息。戴安澜亲自拿过电话，大声命令："立即叫醒站长，贻误军情，军法从事!”家人只得将站长从睡梦中唤醒,但站长有意慢腾腾地起床、穿衣,行动十分迟缓,这使得戴安澜大为不快。等到站长接电话后,戴安澜晓以利害,恩威并施。最终站长给调度员下达命令:让军车先行。

几经交涉,军车才匆匆向北行驶。这是戴安澜在这次军车运行中唯一不满意的事。部队原定在沧州下车,因为沧州车站的军队很多,十分拥挤,故临时改在沧州的砖河下车。虽然这里距平津还有二百多里的路程,但是戴安澜对全团官兵说:“我们终于到了战场,我们要赶快前进,收复平津,我们一定要打出关东去!”但是上级命令:原地驻扎待命。

8 月初的河北,烈日,天气炎热,没有一丝微风,不管是在室内或树荫下,人们挥汗如雨。经过长途的行军,官兵们都很疲劳,一身臭汗,也没法洗涮。戴安澜到各营巡查,看着躺卧在地铺上的官兵们,只得命令各营主官负责警戒值班,不敢稍有差池。

8 月 9 日,关麟征升为第五十二军军长,隶属刘峙的第二集团军。下辖张耀明的第二十五师和郑洞国的第二师。戴安澜接上级新的任命:由第一四五团团长升任第七十三旅旅长。同僚们都为他庆贺。戴安澜却深感自己责任重大。在当天的日记中他写道:“其实当此危急存亡之际，只有加重责任，所谓荣誉，在我们心理上尚毫无感觉，唯有益自奋勉，以期毋忝职耳。”

戴安澜回顾多年对日作战的经验教训，认定要取得胜利必须靠部属努力，而部属旺盛士气来自他们的爱国热情。他特意抄录岳飞的《满江红》和文天祥的《过零丁洋》，印发给各级官兵背诵吟唱，激发大家精忠报国的爱国热忱。

刘峙指挥的第二集团军各部于 18 日相继抵达指定的攻击位置。

9 月上旬，日军以消灭保定至沧州一线附近的中国军队为目的，将会战的重点放在河北省中部的平汉铁路沿线。中旬，日本华北方面军基本完成了集结，第一军的主力开始南进。此时的中国军队虽然统一指挥，但嫡系、非嫡系部队的上级指挥官之间相互不服，各为保存自己的实力，在阻敌南下的军事行动中不能相互配合、统一作战。然而广大中下级军官和士兵抗日心切，他们与日寇展开殊死的战斗，阻滞了日军前进的速度。

津浦路正面方面，日军第十师团 9 月 18 日起从马厂、青县间开始进攻，当日中午攻占兴济镇；尔后继续攻击前进。21 日夜，日军第十四师团突破守军满城北面阵地，于 22 日黄昏时追击到保定西南地区。第六师团于 22

日下午3时半突破漕河西的守军阵地，23日上午10时进到保定外围。日军第二十师团也向保定展开追击。

22日晚，蒋介石电令第二集团军固守保定、满城各据点。集团军即令第五十二军关麟征部务须固守保定、安新两城及其附近地区，第四十七师及河南省保安第三团归第五十二军关麟征军长指挥，第五十二军及第二师、第四十七师各1个旅、第十七师补充团、第一六九师四团担任保定城防。

24日拂晓，日军第六师团对保定城发动攻击。先以炮兵实施了1小时轰击，在城墙上打开了两个突破口；上午8时，日军步兵第十一旅团开始突击，11时40分占领了城墙一角。这时，刘峙为增强第五十二军守城决心，电告关麟征："奉委座电令：郑(洞国)、赵(寿山)、裴(昌会)各部须固守保定，无令不准撤退，务望排除万难，勉力撑持为要。"可是第五十二军各师在强敌攻击下纷纷自动后撤，保定遂于24日失守。

9月23日晚，保定行营参谋长林蔚遵照蒋介石意旨，对第二集团军各部作了逐次撤退的部署。但当时各部撤退混乱，在日军飞机大肆轰炸下，部队仓皇失措，交通阻隔，互不联系。到9月25日，各军纷纷南渡滹沱河，退至石家庄附近。

在华北作战中，孙连仲率所部在涿州地区依托既设阵地和日军进行了激烈的抵抗，此外就是关麟征率第五十二军部在保定附近进行了短暂的抵抗。

戴安澜的第七十三旅在守卫保定的战役中，守备漕河南岸。日寇飞机编队飞行在南岸阵地上空，由早至晚十余次地进行轰炸。与此同时，敌人又组织了汉奸队，夜晚对戴安澜部阵地进行袭击、干扰。

第二日，敌人在攻击前仍然采用炮击的手段。戴安澜不见配属于他们的炮兵三营回击，十分着急，于是不顾弹火纷飞，带人四处去找三营的营长。好容易找到他时，见他已身负重伤，气息奄奄。看到此情景，戴安澜心中极为感叹：军官如此，实为可敬。

敌人在炮火的掩护下，强行渡河，戴安澜一声令下，各部猛烈开火，整个河水如同开了锅一样。在我军猛烈抵抗下，乘橡皮艇渡河的日军不得不退回河边。日军凭借他们空中支援与炮火掩护，凭借手中武器的优势，不断向第七十三旅的阵地进攻，阵地几次被突破，又被我军夺回来。敌军从第七十三旅右翼友军的阵地突破，对第七十三旅形成了包围的态势。此时戴安澜看到前沿阵地恢复无望，决心与阵地共存亡。他命令各部队收缩，集中力量给敌人以打击。又经过一个多小时的激烈战斗，敌我双方损失惨重，师部命令第七十三旅撤至保定东南一带集结，两天两夜的激烈战斗，遂告终止。在这次战斗中，第七十三旅受伤官兵无数，为此，戴安澜专门写了《慰劳七十三旅之受伤官兵书》，派司药赵英为代表前去慰问。在信中写道："历次战役，虽以武器悬殊，未达到完全胜利的目的，但在数倍于我之猛烈敌人炮火下，你们英勇壮烈，那种动天地泣鬼神之牺牲精神，实足以寒敌胆！倭寇在人力、物力上，已经受到巨大的创伤，只要我们坚持，一定争取得最后胜利。""同志们，起来，起来，裹创再战。"

日本《战史丛书·中国事变陆军作战》中承认："涿州、保定会战为双方在平汉线上的第一次会战。战况激烈，日本参战兵力为 88500 人，战死 1448 人，重伤 4000 人。"

第七十三旅经过四天的撤退，9 月 27 日，到达晋县集结整理。10 月初奉令由内邱、彰德至卫辉，连续 9 日南行，不断撤退，一次退至千余里。

日寇第一军于 9 月 24 日占领保定后，10 月 1 日从保定附近出发继续南侵，8 日攻陷正定后，强渡滹沱河，10 日又攻陷石家庄。与此同时，日寇第二军的两个师团配合第一军也到石家庄以南，二军会合后，继续南下，18 日到达漳河。

为阻止日军沿平汉线继续南侵，中国军队决定在漳河与日军进行会战。戴安澜所在部队接到会战命令，一天之内急行军120里，赶至观台镇。19日晨，戴安澜到前沿阵地侦察，发现敌人部队，军长命令第七十三旅第一四五团派出一营部队迎战敌人。

战斗打响，戴安澜上山观察敌情。由于日军的抵抗，戴安澜决定将第一四六团预备队归第一四五团指挥，对敌人继续攻击，双方对峙，战况空前激烈。不久，张耀明师长及参谋长也到了旅指挥所，了解战况，并决定翌日的攻击由戴安澜部署。战斗仍在继续之中，枪声彻夜未停。21日晨4时，激烈战斗又开始，戴安澜沉着指挥，但应付不暇。日军火力强、攻势猛，战士们顽强对阵拥有坦克、飞机的日军，硝烟弥漫的战场是一片血腥和尸体。战至上午7时许，日军从两翼突破阵地，中部第一四五团被围。戴安澜已无预备队。他心急如焚，只得组织后撤士兵转身再战。此时冲锋号又一次响起，战士们再次跃出战壕，向前冲去……

正在此时，师长也赶来督战，激战至11时，阵地才得以稳住阵脚。这时增援部队赶到，从右翼向敌人发动攻击，日军也不断反扑，炮声震天，刺刀闪闪。两军混战一起，你死我活。第七十三旅所守阵地两翼部队的团长一死一伤，指挥系统已经失灵，中部守军伤亡重，无力出击。战至中午 12 时，友军增援部队攻击失利，溃退下来，第七十三旅中部的第一四五团受敌压迫更甚。在全团官兵的坚决抵抗下，敌人未能前进一步。战斗至黄昏，戴安澜带领剩余的部队向敌人发起攻击，以期将丢失的阵地夺回，但由于部队伤亡过大，战斗力大大减弱，攻击未能奏效。

天渐渐黑了下来，一些部下请求戴安澜把残存官兵撤下去。戴安澜鼓励官兵："在没有接到上级命令前，我们要与阵地共存亡！我是旅长，请大家监督我！"

是夜午夜接电令，部队南撤十里，到下蔡村宿营。

漳河之战是第五十二军第七十三旅在保定失败之后未经休整与敌人的又一次战斗。当戴安澜到各部队查视损失时，见伤亡甚重，心情十分沉重。由于死伤了许多好兄弟，第一四五团韩梅村团长心情十分沉痛，见旅长来到，放声痛哭，戴安澜亦涕泪横流。稍后，他要韩团长勉抑悲怀，继续奋斗，以鞠躬尽瘁、死而后已之决心，与敌人拼死决战。对于部队仍能以旺盛的精神与敌人死战，戴安澜引以为慰。这次中国军队的漳河之战，使日军遭受到很大损失，阻止了日军快速南侵的步伐。这时，日军已基本上占领了整个河北省。

在这样的形势下，戴安澜突然产生了一个新的行动计划，万一不幸而军事上无法挽回颓势时，则以不渡黄河之决心，潜伏在黄河北岸，予敌以威胁，以示中国不会亡。如大势已去，为免父母家人受累，拟改姓名为“戈挥日”。“戈”存戴字义，“挥日”表达了逐日寇出中国的志向。他考虑一旦在河北游击时，对于给养、军纪、联络、人事、整编诸问题，一定要预先考虑到，除衣食开销以外，一文不要，如有所得，则完全送给官兵，以为表率。他还想就此事与好友、河北人焦沛然商量，共谋此大计。同时，他将此事函禀叔祖父，请其如自己万一不幸，国都南京沦陷时，即由家人为其发丧，以掩人耳目，此后即以“戈挥日”名义纵横于黄河北岸。彻夜的思考使得他辄兴不寐，誓与日寇死战到底的决心使得他热血沸腾。就在此期间，戴安澜将五个月的薪水，共计大洋一千五百元，留下五百元养家糊口外，其余捐献给国家。他将白花花的大洋送到师部，以期减轻国家的困难。

11 月 11 日，戴安澜写信给亲友汇报此事：

琴、传二兄：昨肃一函，尚未付邮，因回洛之人尚未动身故也。适午后薪水发到，五个月共计得洋一千五百元。弟回思国家当此危急存亡之时，而身为军人，不能保土卫民，拿此巨薪，于心何忍？特提出一千元捐助国家，以作经费报效，款已付出，电报亦拍发。目下我师各官长，均为弟此举感动，均愿量力捐助，预计可得捐款一两万元。一师如此，各师如仿而行之，则政府立刻可省几百万支出也。想不到弟之个人举动，而收如此效果，实不尽快慰也。刻因所剩五百元，在前方无用处，带用累赘，特寄回来请兄等收存。如家中不需用，则请存于万昌，不取利息。兄等收到后请回示。寄洛阳白马寺第二十五师第一四五团赵军需收转，以免弟之悬念。匆匆未尽，余俟再谈，敬请冬安。

弟安澜顿首上

对于戴安澜的这一举动，全师受到震动。张耀明师长宣示给各级官佐，予以表彰，号召向戴安澜学习，努力减轻政府的财政困难。在戴安澜的模范行为的带动下，全师官佐踊跃捐款，全师共捐两万多元。正如戴安澜信中所云：想不到弟之个人举动，而收如此效果，实不尽快慰也。

血战台儿庄

1938 年 2 月下旬，日军坂垣第五师团一个旅团，沿胶济线南下，并由东至西向驻扎在临沂的第四十军庞炳勋部进攻，协助津浦线北段正面南下日军进攻徐州。3 月初，李宗仁将集结滕县南侧的张自忠第五十九军东移至临沂附近，协防庞炳勋部，并在临沂以北击退了日军的进攻。但是，津浦线正面之敌趁张自忠部队东移之机，从津浦线和滕县东节节南犯，于 3 月 16 日迫近滕县。

军情似火。3 月中旬，第五十二军关麟征部奉命从亳州赶往津浦线上的利国驿车站附近集中，第五十二军第二十五师秘密向枣庄以东郭里集一线挺进。第二十五师之兵力部署为：第七十五旅驻郭里集，对临城、枣庄方面之敌须严密警戒，并占领阵地准备战斗；师部率戴安澜第七十三旅驻辛兴庄附近，第七十三旅对峄县方面派出警戒。当时据便衣侦察，辛兴庄、郭里集一带均无敌情。

3 月 23 日上午 6 时，忽闻郭里集方面传来枪声。原来是日军先遣队数十人，于 22 日黄昏前后到达郭里集，照例在炮楼里面宿营，他们的哨兵也在炮楼里。我军便衣侦察白天到村里，黄昏以前便离开村，故未发现敌人。天亮后敌人发现我军，便从炮楼里开枪射击，有十余人伤亡。第七十五旅最初以为是日本侵略军的便衣队,后来判明炮楼里有敌人,立即用轻重机关枪及苏罗通机关炮封锁炮楼的射击孔,并挖地道准备用炸药把炮楼炸毁。不久,军部派野炮兵来支援,并命令必须迅速歼灭这股敌人,于是用野炮直接瞄准,很快就把炮楼轰垮。午后 4 时前后,敌人大部被歼灭,只十余人突围逃跑。

小贴士

台儿庄战役:台儿庄战役的起止时间有几种说法,一般认为从 1938 年 3 月 16 日开始至 4 月 15 日结束。战役由滕县战斗、临沂附近战斗、台儿庄战斗和日军的溃退、中国军队的追击作战等部分组成。在历时 1 个月的激战中,中国军队约 29 万人参战,日军参战人数约 5 万人。中方伤亡约 5 万余人,毙伤日军约 2 万余人。(日军自报伤亡 11984 人)

此次大捷打击了日本侵略者的嚣张气焰,歼灭了日军大量有生力量,坚定了全国军民坚持抗战的信心,是中华民族全面抗战以来,国民革命军取得的一次重大胜利。

当郭里集发生战斗时，第二十五师师部命令第七十三旅派出一个营，对枣庄方面警戒。正午前后，枣庄之敌约二三百人，企图向郭里集增援，被我阻止，未能前进。下午3时前后，发现临城、枣庄的大道上尘土飞扬，大股敌人向郭里集前进。军长关麟征命令第二十五师除留一个加强营在原阵地欺骗敌人外，主力撤至郭里集东北山地隐蔽。师长张耀明决定每旅派一名营长指挥两个步兵连及便衣队，在原阵地逐步抵抗，分批后撤。

3月23日拂晓，敌机对郭里集一带村庄分批轮番轰炸。上午8时许，敌先用炮击，继以战车掩护步兵攻击。上午10时前后，敌人占领了郭里集一带村落，却扑了个空。午后，敌机在附近高地上空盘旋，敌约四千人向峄县台儿庄方向开去，后来知道这股敌人是以第十师团之濑谷旅团为基干，由步、炮、战车联合组成的。

当时第五十二军的兵力部署是：第二师在右，向南洛、北洛、北大窑攻击；第二十五师（留一个营归军部掌握）在左，向红瓦屋屯攻击，务将敌压迫于台枣支线以西歼灭之。

经两日激战，两师的进展颇顺利，已将敌压迫于台枣支线附近。第二师在北大窑附近战况激烈，敌我双方伤亡都很大。当第七十五旅投入战斗之后，对当面之敌形成了包围之势，一度切断了台儿庄、峄县之交通。激战正在进行之中，不料情况有了突然变化。3月29日正午，第二十五师接到军部电话，说有步、炮联合约三千之敌，正由向城向我军侧背急进，已令徐文亮营（第二十五师留军之营）及骑兵连拒止该敌。

黄昏前，张耀明亲率戴安澜第七十三旅到兰陵镇指挥战斗。第二师继续向当面之敌攻击。激战至黄昏前后，日军绕过兰陵镇向台儿庄逃窜，其掩护部队（约一个加强中队）被我包围于兰陵镇西北之傅庄。经一昼夜战斗，敌人除少数逃窜外，大部被我歼灭。从俘虏口供及文件中得知该敌是以片野联队为基干之步骑炮联合支队，其任务是增援台儿庄矶谷师团。3月30日，第二十五师主力仍转到台枣支线方面，继续攻击敌之侧背。第七十三旅第一四六团（团长何士雄）对该敌展开进攻，敌据村寨顽抗，几次向我反扑，该团营长曹云剑阵亡，攻击一度受挫。第七十五旅投入战斗后，经几日反复争夺，终于将敌击溃。

4月6日夜间，敌人突然向第五十二军阵地反扑，战斗异常激烈。原来，日军很少夜间攻击，但不打击第五十二军，日军撤退便不得安全。军部认为这是敌退却之征兆，鼓励前线部队坚持固守，并要求乘机反攻。半夜后，日军已向峄县撤退。7 日拂晓,我军跟踪追至峄县附近,战区长官部命令各部队对峄县附近之敌发动攻击。

攻击部署是:第五十二军由东向西,第八十五军由东南向西北,形成包围攻击之势。第五十二军之攻击部署是第二师在左,向九顶山及其以南攻击;第二十五师在右,以主力(三个团)向九顶山以北各村庄之敌攻击。留一个团为军预备队。

九顶山是峄县附近的最高点,可以俯瞰全城,为最好的炮兵观测所。夺取九顶山是第五十二军进攻峄县的重要步骤。九顶山是光秃秃的石头山,白天攻击不易接近,且会造成过多伤亡。第二师第一天攻击到山脚后,决定用“精兵奇袭”的办法,即挑选优秀士兵利用夜间袭击。经过一夜激战,天亮前即占领了九顶山,这对我以劣势炮兵之战斗,起了很大的作用。

第二十五师方面,经过几天之激战,占领九顶山以北几个村庄,使敌侧背受到很大威胁。敌抽出兵力对第二十五师多次反扑,均被击溃。4 月 15 日前后的一个下午,日军由税郭方面对第二十五师右翼之第一四五团第一营进行三面包围攻击,激战中该营阵地被突破,第二十五师右翼受敌反包围。该师全力反攻,经过三小时之激战,右翼阵地始稳定下来。黄昏前后,该师侧背又发现敌之增援部队，炮弹不断落到师指挥所周围。当夜，第二十五师奉命转移至九顶山以东，与第二师衔接，构成由南向北的战线，以后敌我双方形成对峙局面。关麟征追究此次作战不利的责任，枪毙营长奚濯之以告诫全军。4 月 17 日全军奉命向邳县以北之艾山、连防山、燕子河之线转移，从此转入阵地防御阶段。

由于第二十五师第七十五旅第一五〇团的麻痹，其守卫的连防山阵地被日军攻克，经过多次反击未能夺回阵地，这样第五十二军的全军阵地都暴露在日军面前，防守半步店子、虎皮山、艾山西等地的第七十三旅成为日军将要攻击的重点。为此，戴安澜命全旅日夜构筑防御工事。这里是石头山，戴安澜决定要按照地形利用土石建造掩蔽部。山上没有足够的土源，戴安澜就和大家一起从山下运到山上去，经过两天两夜的努力，防务大大加强。

台儿庄大战时的戴安澜

第二天，敌人向守卫虎皮山的第七十三旅发动攻击，在飞机和炮火的掩护下，步兵向第七十三旅阵地运动。当敌机轰炸及炮击时，戴安澜命令大部分战士进入掩蔽部，他与少数官兵监视敌人。当敌人步兵进入 600 米火力射击范围时，一声令下，各种武器同时发射，弹道距离地面不到 1 米，形成交叉火力网，日军遭到沉重打击，连滚带爬退了回去。戴安澜同时派出小部队两翼侧击，使主攻日军三面受到打击，无法向前攻击。日军两次进攻都给打退了，这是戴安澜对付日军中央突破的隐蔽起伏战术的成功，使部队士气大振。戴安澜决定以营为单位，24 小时轮换一次，这样一线部队的战斗力一直很强。

第三天，敌人发动了更强的攻势。日军见虎皮山久攻不下，决定将主力进攻艾山西，企图从侧背切断艾山与虎皮山联系。

这时，第七十三旅处于正面与侧面同时受敌的状态。戴安澜及时向师长报告这一情况，师长派第一四九团由侧面袭击进犯之敌。在两个方面的夹击下，日军受到很大伤亡，攻击又告失败。7 日晚，日军又分别向第七十三旅守卫的半步店子、虎皮山及艾山发动全面攻击。戴安澜沉着指挥，并向师部报告敌人的动向。这时，半步店子已展开巷战，虎皮山、艾山斜面已被敌占领，战况十分紧急。戴安澜带领预备队用手榴弹及密集的火力将敌人阻击住，同时要求用炮火支援，将山坡的敌人消灭。师部集中了大口径迫击炮和山炮，由近到远形成射击火网，在射击之后，守卫部队除组织正面出击，还向两翼派出小部队向敌袭击。经过数小时的激战，日军的攻击再次被打垮。第二天，日军派出飞机对中国守军阵地扫射，还不时用炮火对中国军队的阵地炮击，双方对峙。黄昏后，第七十三旅派出工兵在阵地前沿埋下地雷并加强侧防火力。天黑后，日军又来进攻，结果被阵地前沿的地雷大量杀伤，第七十三旅乘机把占领半步店子的一部分日军赶走，恢复了原来完整的阵地。以后的几天里，白天敌机轰炸，炮火攻击，晚上小股敌人来犯，均被中国军队击退。日军由于伤亡过大，此后再不攻击第七十三旅守卫的一段阵地，战斗遂告结束。

战后，戴安澜曾对其妻子王荷馨说，这一仗打得非常辛苦，几天几夜不能合眼，驳壳枪的枪管都打得冒烟。他在写给堂弟戴子庄的信中说，经过 20 天的苦战，已将攻击台儿庄之敌击溃，并俘获甚多，此为抗战以来的大胜利。日军久攻虎皮山不下，将目标转移到大小刘庄，日军集中兵力将小刘庄攻下，这时友军多少次反击不能奏效，关麟征军长命令第七十三旅攻克小刘庄。如何消灭这股敌人，夺回小刘庄，戴安澜在与日寇的作战中已总结出敌人在战斗时常使用一中队的兵力攻防，防御时仅正面配备力,反方向仅以少数兵力攻击的战法,而攻击刘庄之敌恰是正面防御而反方向攻击刘庄。因此他接令后,立即组织一部分兵力潜伏于敌一侧,一部分兵力向敌人正面攻击,将敌人注意力调动,又用山炮4门和炮弹200颗,打乱日军布阵,侧伏在两旁的军队冲上,一鼓作气将占领刘庄之敌人全部消灭,第五十二军阵地始得恢复。

经过两个多月的战斗,第五十二军于5月上旬奉命将防务交友军接替,开赴徐州附近待命。

在徐州会战中,由于戴安澜战功卓越,被擢升为汤恩伯部第八十九师副师长。当戴安澜离开第五十二军第七十三旅时,写信给全旅官兵表示慰问,并在信中引用太平天国名将石达开名言:"忍令上国衣冠沦于夷狄,相率中原豪杰还我河山。"勉励战友们浴血奋斗,一定要将日本侵略者逐出中国去!

大战昆仑关

1939年11月15日清晨,华南沿海的钦县、防城、合浦、小董、灵山等地的军事设施遭到黑压压的日本飞机的狂轰滥炸。

这些飞机是从哪里来的?目的又是什么呢?

原来在钦州湾，有日本航空母舰“加贺”号战斗群，一批一批的轰炸机从甲板上起飞降落，对广西的军事要塞及滩头阵地进行大规模空袭。紧接着，在舰艇炮火的掩护下，日军先头部队及川支队的第九旅团，在及川源七郎少将的率领下，于上午 8 时 10 分，首先在钦州湾的龙门港登陆。日军第五师团、第八师团、盐田兵团、中村支队也在钦县的企河、蚁虫山、梨头嘴、横山等地强行登陆，并与第四战区所属第四十六军新十九师发生激战。之后，日军第五师团突破中国军队的防线，兵分三路，沿钦邕公路突进，进迫邕江南岸。

自 1938 年 10 月广州沦陷，中国在华南的国际交通线被切断，此后，广西南宁至越南的铁路、公路，仍可以作为国际交通线，使国际援华物资源源不断运进中国。

日本大本营决定南进政策以后，1939 年 2 月，日军第二十一军攻占了海南岛。同年 9 月，德国进攻波兰。第二次世界大战全面爆发后，日本趁英美无暇顾及远东方面，将青岛第五师团划归第二十一军，与台湾旅团集中于海口附近，第四师团和“加贺”号航空母舰亦在此海面集结，目的是切断越南海防经河内、镇南关进入中国广西南宁到桂林的陆上交通线，尽快掐断中国的国际支援，打垮中国的抵抗，因此，日军在广西钦州湾登陆，向北突进，兵锋直指南宁。

11 月 17 日，南宁前线告急。

桂林行营主任白崇禧面对严峻的态势，深知第四战区的部队抵挡不住日军疾风暴雨式的重击，立即向蒋介石报告，并建议应迅即将远在 1000 公里外的机械化部队第五军从南岳衡山调赴桂南战场，务于 12 月 5 日前集结完毕。

11 月 19 日，第五军军长杜聿明接到命令，即令戴安澜第二〇〇师为先头部队，从湖南衡阳上火车，日夜兼程赶到桂林。那么，戴安澜怎么成为第二〇〇师师长的呢？

国民党军机械化部队

原来徐州会战之后，日本下一个夺取的目标是武汉。为了保护武汉，戴安澜所在的第八十九师隶属于汤恩伯集团的第八十五军，于是年8月赶到武汉外围参加战斗，阻击日军沿长江两岸西进武汉。在保卫武汉外围的战斗中，戴安澜表现优异，消灭日军许多有生力量，战功卓著，汤恩伯在当年为他补记大功一次，不久，即于1939年1月升任其为第五军第二〇〇师师长。

第五军军长杜聿明在长城抗战时为第二十五师副师长。作战中，师长关麟征负伤，杜聿明代理该师，作战英勇。战后，原第十七军军长徐庭瑶被蒋介石任命为军事考察团团长，赴英、法、德、意、美各国考察军事装备；回国后建议蒋介石建立一支机械化装甲部队，以抗击装备占优势的日军。1936年3月，蒋介石在南京丁家桥建立了南京陆军交辎学校，后更名机械化学校。蒋介石任校长，徐庭瑶任中将教育长。徐举荐杜聿明到了交辎学校担任学生队队长。

1938年1月，杜聿明的装甲兵团撤至湖南湘潭整训。其时，国民政府向欧美各国购进一批新式装备，有苏联九吨半战车80辆，德国朋斯柴油卡车百余辆，美国福特卡车400余辆，美造哈雷二轮、三轮摩托车40余辆。在此基础上，军事委员会命令装甲兵团扩编为国民党军第一个机械化步兵师——第二〇〇师。杜聿明为师长，邱清泉为副师长，廖耀湘为参谋长。

1938年12月，第二〇〇师扩编为新编第十一军，徐庭瑶任军长，杜聿明任副军长。该军是第一支机械化部队，下辖第七十七师、第二〇〇师、新编第二十二师。1939年2月，新编第十一军番号改为第五军，杜聿明为军长。正是杜聿明对戴安澜的作战才能的肯定与嘉许，特将他从第八十九师副师长的位置上调到第二〇〇师任师长。

小贴士

第一支机械化部队：1934底，国民政府购入了英制维克斯轻战车，将交通兵第二团里的战车队扩充成战车营，随后该营改编并改隶到陆军交辎学校战车教导营，因为车少、经验也少，还是扮演着教导部队的角色，陆军交辎学校便是机械化学校的前身。1937年3月，军政部将交辎学校已有的战车营、交通兵第二团所属装甲汽车队合编，并补充了一批战车，在南京方山建成第一个陆军装甲兵团，杜聿明任第一任团长。

第二〇〇师编制比一般陆军师庞大，师司令部设有参谋、副官、军需、军械等八大处，所属部队有两个战车团、两个摩托化步兵团、一个战车防御炮团，有特务营、通讯营、搜索营、工兵营等及修理厂、医院等，全师兵力约2万人。

戴安澜非常重视读书学习和教育。他认为只有不断学习，才能提高工作本领，才能增强国民素质，实现国家复兴。第二〇〇师是一支机械化部队，更要求军人有较高的文化素质。因此戴安澜在部队中提倡读书的风气，部队所到之处，无不兴师办学。在实践中，戴安澜刻苦钻研军事理论以提高自己的军事素养。他说："非有训练之指挥官，以后才有强悍之军队。"

他提出军人必须具备这样的特殊性格："忠"，忠于国家忠于职务；"勇"，战必胜、守必固，当仁不让，忍人所不能忍，为人所不能为；"勤"，勤能补拙，人一能己百之，人十能己千之；"廉"，廉洁自爱，无欲则刚。

戴安澜坚持不懈地对部队进行超常超难的严格训练，使部队始终保持强大的战斗力。戴安澜担任第二〇〇师长后，亲自任教育长，训练军官，演习攻防，操演对敌战车、骑兵、飞机的打击等。接着又用半年时间轮训军士。日常训练都有严格的计划，狠抓士兵体能技能磨炼考验，狠抓班、排、连建制的攻防、攻击、追击等战术演习。部队演练，他必到现场检查督促，毫不放松。全体官兵的综合素质和能力达到优秀水平。在一次全军大演习比赛中，戴部的炮兵团、战车兵团、摩托步兵团、战防炮营、工兵营、高射炮营和牵引重炮营等兵种协同作战，战绩突出，赢得第一名。第二年，该师训练成绩又夺全军之冠。

戴安澜不仅胆识过人，战场上身先士卒，还十分有谋略，治军有方。他发明了很多简短有效的战术，制定了严格的军事考核方案。很快，第二〇〇师就成为让日军闻风丧胆的王牌师。

衡山北侧的山林中。第二〇〇师师长戴安澜在师部的帐篷中，手提马灯仔细研究地图，对身边的第六〇〇团团长邵一之说："你团作为全师的先头部队，务于三日内赶到南宁，占领阵地后，掩护全师逐次转进。党国的安危，全系在你肩上了。"

机械化师师长戴安澜

邵一之，字镇堃，黄埔军校第六期步科。1929 年毕业；1936 年被遴送至南京交辎学校深造；1937 年 5 月调任装甲兵团战车防御三炮营中校营长;8 月参加淞沪抗战,后任战车防御炮团上校团长。

第二〇〇师战车部队

邵一之说:“师长,放心吧,我征战有年,淞沪、台儿庄、武汉等会战都参加过,我不会辜负你的栽培的。”

戴安澜语重心长地说:“这次不同以往啊! 日军要切断我国际交通线,而且是志在必得,不可大意。”

邵一之严肃地说:“我明白,师长。”

戴安澜说:“杜军长临时凑集载重车几十辆,供你团使用。等你们到达后,汽车再回来接师主力,估计全军要在 12 月 3 日前后到达。因此,你的任务很艰巨,无论如何要坚持到主力到达。”

邵一之说:“师长,我保证坚决完成任务,不成功,则成仁。”

邵一之是黄埔六期的学生,戴安澜是他的三期学兄,虽说是上下级关系,他却是戴安澜最信得过的兄弟。戴安澜赏识他作战勇敢,统御有方,关键时刻,总是把他放在最前面。

11 月 20 日一早,公路上尘土飞扬,几十辆载重大卡车车轮滚滚向前。第六〇〇团官兵在邵一之团长的带领下,风驰电掣赶往广西。

11 月 23 日,第六〇〇团士兵与日军第二十一旅团士兵几乎同时到达南宁以北二塘、三塘。邵一之用望远镜往远处一看,暗吃一惊:遍野都是日军士兵,在冬日阳光的照射下,一片片的钢盔和刺刀在闪闪发亮。

在一片硝烟的阵地上,邵一之操着浓郁的湖南话严肃地命令:“师主力未到达之前,任何人不得后退一步,子弹打完了,就是用牙咬也得咬下日本人一条腿来!”

殊死的战斗竟达两天半。第六〇〇团的战士经过长途跋涉,顾不上体力疲劳和给养不足,空腹作战,杀声震天,气势如虹,终使日军攻势顿挫。

11 月 24 日,敌军强渡邕江,占领南宁。25 日,邵一之率团进抵宾阳和南宁北郊,与敌第十二旅团遭遇,血战终日，阻住北犯之敌。次日，邵一之率一个连插往敌后进行牵制，使敌腹背夹击。他虽两处负伤，仍坚持指挥战斗，不幸又连中三弹，壮烈殉国。

就是这用鲜血和生命的代价换来的宝贵的两天半时间里，第二〇〇师主力逐次赶到前线集中。戴安澜眼含泪水，看着邵一之的遗体，说："全师全体官兵一定替你报仇！"第六〇〇团的士兵将团长埋葬后，转移到高峰隘一带阵地，修筑工事，防止敌人北进。

第二〇〇师第五九八团乘汽车刚赶到八塘，便与日军步兵第二十一联队第三大队大队长森本宅二中佐率领的第三大队和日军骑兵第五联队展开激战，硬是将日军打退。

戴安澜对部队的战斗力很满意。他走到了瞭望口，看着昆仑关方向，问指挥所里的人："你们谁知道昆仑关的历史吗？我们要在这里打一场著名的大战，要扬国威于桂南，不知道昆仑关的历史，可不应该啊。昆仑关是中国历史上有名的战场。宋代称云南、广西一带为南蛮之区。有个南蛮的酋长叫侬志高，就是壮族的一个领袖，势力很大，在皇祐年间起兵反宋，连克十二郡，攻陷邕州，就是今天的南宁，建立南天国，自立为'仁惠皇帝'。又沿邕江而下，围攻广州达五六十天，后回到邕州。宋朝仁宗皇帝派大将狄青出兵讨伐。狄青在昆仑关大败反军，侬志高逃往云南，不知所终。所以，昆仑关就成了著名的战场。我们将在昆仑关进行的这场大战，也应记载下来，让后人们记住是我们用血肉之躯，筑成了今天的昆仑关，使它永远屹立于祖国南大门。”

在戴安澜的指挥下，战士们士气高昂，杀声震天，苦战十天，终于等到主力的到来。新二十二师师长邱清泉、荣誉第一师师长郑洞国，先后率领其部到达迁江附近。

中国士兵出击

桂林行营主任白崇禧冒着敌机的轰炸，驱车来到第五军迁江指挥部，与杜聿明等讨论收复南宁的具体步骤。他们一致认为，目前的形势只宜固守南宁以北昆仑关一线，等主力军队到达集结后，一举反攻。

12月3日，日军在飞机大炮掩护下，进攻高峰隘。防守高峰隘方面的第一三五师迭遭敌机狂轰滥炸，损失惨重，该师师长苏祖馨下落不明，师主力只剩数百人，抵挡不住，阵地被日军攻破，高峰隘失守。次日，日军进攻昆仑关，昆仑关失守。日军忙于抢筑工事，防止中国军队收复昆仑关。

日军的行动一下子打乱了白崇禧、杜聿明固守昆仑关等候大部队集结，再反攻南宁的计划。但日军兵力不足，夺取昆仑关后，修筑阵地，转取守势。

12月16日晚22时许，满天星斗，一弯上弦之月出没在薄云之中。四野远山静悄悄的，看不出一丝大战前的紧张迹象。

谭蓬村坐落在邕宾公路旁，是个只有200多人的小村子，距离昆仑关约30里，村后靠山，林木茂密，村前是一片峡谷田地。第五军指挥部就设在这里。白崇禧和陈诚联袂来到谭蓬村军部，与杜聿明共同商量收复南宁计划。

杜聿明认为："乘敌孤军深入、后援未济之时，集结优势兵力，配合地方民众，迅速反攻，以击破侵敌而恢复国际之重要交通。"白、陈均表示同意，向蒋介石建议，调兵遣将。

军长杜聿明召集团以上军官会议，指示作战机宜。在马灯的光亮之中，他与下属神情严肃。杜聿明俯向桌前的敌我态势图，指着地图说：“我军以收复南宁为目的，决定于18日拂晓开始攻击。以一部迂回八塘敌阵地之右侧翼攻略八塘、昆仑关后，先以一部向二塘追击，主力于五塘、横岭、谭蓬村一线，整理部队，再继续向南宁攻击前进。”

昆仑关战役

12月17日凌晨2时许，荣誉一师右翼第二团、左翼第三团乘着黑夜向前推进，分别运动到老毛岭及441高地附近和600高地附近。荣誉一师师长郑洞国指挥部由长塘迁到长塘南端的前沿掩蔽所。作战参谋报告郑洞国:“部队均进入指定位置。”

随着两颗红色信号弹腾空而起,荣一师开始了对昆仑关的局部夜袭。成排的曳光弹交织在一起,伴随着爆炸声,山川和大地都在猛烈地颤抖。第三团和第二团的士兵们以轻重机枪和手榴弹开道,迅速地冲向高地。日军在突然打击之下乱了阵脚。右翼第二团首先攻占了441高地和老毛岭,接着第三团也攻占了600高地,速度之快令敌守军防不胜防。

日军今村均师团长得知阵地遭中国军队突袭后,急派第二十一联队长三木吉之助大佐率领联队火速赶往昆仑关。该联队分乘31辆汽车从南宁出发,车队腾起的尘埃像一条滚滚向前的巨蟒,沿邕宾公路向北急进,不到两小时就到达离昆仑关最近的九塘。盘踞昆仑关的日军在山炮、迫击炮、重机枪的掩护下开始反扑,荣一师攻势受挫,停顿下来。戴钢盔的日军在大炮的掩护下轮番攻击,高地复被日军攻陷。

军长杜聿明得知653高地和600高地丢了,焦急万分,急令总预备队第二〇〇师师长戴安澜火速增援。戴安澜的部队正憋着一肚子火没处撒,派出第五九九团一阵猛打,打退了立足未稳的敌人，呐喊着登上653、600高地。

同一天，老毛岭与441高地也遭到日军步炮协同的猛烈攻击，荣一师第二团拼死抵抗，但还是无法阻止日军一步步逼近高地，形势异常险恶。这时，第二〇〇师在敌之侧背一阵狂打，才得以转危为安。杜聿明大大松了一口气。他明白，这些关键高地的收复，奠定了昆仑关战役胜利的基础。

20日晨，653高地由戴师第五九九团二营接替，荣一师第二团撤下，至有明村附近休整待命。

杜聿明决定迅速击破昆仑关守敌。他对攻击部署作了一些局部调整，即令戴安澜的第二〇〇师担任正面进攻，荣一师负责包围敌之两翼。

次日清晨，6时许，在战车连和重炮掩护下，第二〇〇师向昆仑关的敌主阵地发起攻击：4辆战车冒着敌人猛烈的炮火，当先冲上邕宾公路，向昆仑关攻击前进；第二〇〇师步兵第五九八团为右翼，第五九九团为左翼，同时从653、600高地向高地以西山地之敌人展开攻击，然后两团会合，会攻昆仑关。第六〇〇团为预备队，位于大球岭及庙背一带，戴安澜将师指挥所由狮龙移至大球岭。

激战终日，是日晚21时，师指挥所电话铃响了。戴安澜抢过电话，里面传来战防炮第二连连长曹鸣九激动人心的报告："师长，我战车已冲进昆仑关！"指挥所内一片欢腾。戴安澜当即给第六〇〇团团长下达命令：第六〇〇团第一营随战车向昆仑关方面攻击推进，其余两营由郭团长带领侧击推进。敌我双方在昆仑关前展开车轮大战，你争我夺，战场呈胶着状态。据守昆仑关之敌，修筑了坚实的固守据点，每一据点的副防御物及侧防机关的构置严密周到，上下左右构成密集的立体交叉火力网，守军三木联队长挥舞战刀叫嚣，誓与阵地共存亡。我第二〇〇师遇到顽固的抵抗。23时30分，第六〇〇团郭团长打电话给戴安澜："职团第一营奉令随战车攻击推进擘至昆仑关，遭敌伏击，推进困难，与敌对峙，东西两面步兵

新二十二师师长邱清泉

荣一师师长郑洞国

已迫近昆仑关，但敌中村旅团已赶至九塘增援。我部与荣一师尚未联络上。”

戴安澜问：“战车情况如何？”郭团长说：“战车遭到敌战车防御炮阻击，又被敌飞机炸毁两辆。”面对如此情况，再继续推进，恐怕凶多吉少。戴安澜果断命令：“停止攻击！”

20 日上午 10 时，日军中村旅团以步兵两个大队为基干，从南宁出发，前面是 18 辆战车开道，后面十几门大炮轰击，天上 9 架日军飞机掩护，气势汹汹逼向五塘，以图增援靠拢昆仑关。邱清泉的新二十二师负责阻击来敌，终因挡不住来势凶猛的中村旅团，古流岭、那义阵地被突破。邱清泉命令新二十二师副师长带领刘参谋赴右翼队第六十四团阵地督战，并将畏缩不前的第六十四团第一营营长李希真撤职，让第一连连长李济才代理营长，并嘉奖作战勇敢的第六十四团第二营、第六十五团第一营，除由参谋处记功外，各赏国币 500 元以资激励。晚 9 时后，中村旅团再次力图冲破阻击，战斗更为惨烈。右翼第六十四团阵地是敌攻击重点，第三营营长李振一重伤，阵地遂全陷落敌手。凌墓村、陈明村一带阵地失而复得、得而复失数次，最后第六十四团官兵将日军击退。师长邱清泉吓出一身冷汗，这要让中村旅团过去，怎么向军长交代？他亲率师部人员，由鸡村移至林村北端高地的第六十五团指挥所指挥战斗，并带头冲锋。尽管日机 20 余架轮番轰炸，日军汽车数百辆运载步兵往来于五塘、六塘间。入夜以后，除五塘、那义阵地仍在敌手外，其余阵地无变动。

左侧支队在第二〇〇师副师长彭壁生带领下，从清晨 7 时起开始占领八塘，并将八塘东南两侧高地全部占领。至此，南宁至昆仑关间敌之交通完全被我截断，公路、桥梁亦施以阻绝全部破坏，第五军各部从三面紧迫昆仑关。

第二〇〇师方面，第五九八团好不容易占领罗塘高地，旋亦复失；第六〇〇团一部战至天黑，曾一度迫近昆仑关前 200 米处，由于遭公路两侧敌人的侧击，立不住脚，终于退出；第五九九团奋力将界首东北附近高地的一队日军击溃。

次日，日军中村正雄少将挥舞指挥刀，率部冲击七塘口。日军潮水般往前冲，担任阻击的新二十二师与彭壁生左侧支队仍在阻止增援之敌靠近。

突然，一颗子弹飞来，中村正雄左颊被穿透，污血直流；据守在昆仑关、九塘的日军联队长三木吉之助大佐已经命令烧掉军旗。中午 13 时 30 分，三木大佐向中村正雄及兵团参谋长发出电报:“我部已弹尽粮绝,士兵捡拾田间落穗、杂草充饥,迫击炮中队已把炮埋在地里,用竹子削成扎枪战斗,粮秣可停止空投,最紧急的要求是给第一线阵地补充步枪子弹,傍晚前旅团若来不到,第一线难以确保。”

与此同时,南宁占领军司令部师团长今村均中将下命令:龙州的及川支队要克服万难,不分昼夜向南宁急进,兵团决定在九塘附近拉开战场与国军决战。守钦州的台湾旅团盐田旅团长也派遣两个大队,均赶往前线。

24日上午,大塘方面的日军中村正雄主力利用黑夜冲入七塘附近公路和西山地,在中国军队的节节阻击下,经过一昼夜强行突击,终于接近九塘,与三木吉之助联队被围在昆仑关的部队遥遥相对。中村正雄头缠绷带,在九塘西面三公里的水橙西北高地上,用望远镜观察。他略有兴奋地说:“从南宁出来到这里不到五十公里的路,我们整整冲了五天,现在终于离九塘还有三公里了,只要我们强行通过公路,就可以和三木的部队会合。”

话没说完,子弹飞来,中村正雄身子一震,手捂腹部,污血伴着肚肠流了出来。他单腿跪在地上抓住指挥刀,试图站起来,却一下子栽倒在地上。

26日晨5时18分,当东方的太阳在昆仑关上露出微曦时,日军第五师团第二十二旅团旅团长中村正雄少将

激战后的七塘,中村正雄殒命于此

绝望地闭上了眼睛。这是在昆仑关战斗中被击毙的日军最高级指挥官。

攻打昆仑关的战斗打响了。26 日 16 时 40 分,攻击开始,3 架中国空军轰炸机和 1 架米格飞机,在费金大队长率领下,再次抵达昆仑关、九塘上空,协助第二〇〇师的进攻。很快,飞机看到地面铺的信号布,盘旋之后,开始对准九塘敌阵地俯冲。“轰轰轰!”一枚枚 50 公斤重的炸弹落在日军阵地上,碉堡、辎重、尸体飞上天,不少地堡的机枪停止了叫唤。第二〇〇师的士兵,训练有素地向高地冲去。天逐渐黑下来,但第二〇〇师和荣一师的攻击势头依然不减，眼看就要收复昆仑关。

次日，日军在飞机大炮的掩护下，顽固坚守，打得中国军队无法抬头，而南宁方面的日军增援部队已围过来了。此时，第五军包围昆仑关的部队如果不迅速拿下昆仑关，完全有可能被敌人反包围。杜聿明面对负隅顽抗的昆仑关守敌感到棘手，他下决心，将主力集中于正面，集中全军优势炮火，逐次攻克各据点的战术，迅速击破当面之敌，克复昆仑关。

12月28日晨6时，杜聿明在南天村第五军部下达了第42号作战命令。下午14时30分，第二〇〇师第五九八团迫击炮营第二连进入北同兴北端小高地前800米处，第六〇〇团第一营及补充团第一营和第四十六军山炮连在刘少峰代团长指挥下，秘密进入界首西南高地阵地前400米处停止。随即，第五九八团作为佯攻部队，发射了一颗红色信号弹，表示到达了攻击准备位置。15时整，第五军炮兵队用三门重炮开始向界首和653高地轰击，一发发重炮弹落在敌阵地

在昆仑关战役中负伤的戴安澜，伤愈后在轿车旁留影

上，撩起的烟尘像竖起的一堵高墙。大炮持续吼叫了 7 分钟，随后第六〇〇团和补充团开始向界首、653 高地发起冲锋。与此同时，战车防御炮第二连开始向北同兴敌阵地猛烈开火并向前推进。第五九八团的一连兵力开始佯攻，第五九八团攻击顺利，北同兴高地附近数小高地被占领。固守界首北侧高地的日军坂田部队第五中队 200 多名士兵，在重机枪 4 挺、轻机枪十余挺组织成的火力网下，凭借强固的坑道式堡垒拼命顽抗。在戴安澜指挥下，一营在左，三营在右，猛扑堡垒东侧之敌的支撑点。左翼第一连急攻直扑山顶。一连官兵前仆后继，终将铁丝网破坏，奋勇冲入。日军发信号弹求救。片刻之后，日援军猛扑而来，一场白刃战又在高地上展开。第一连连长谭俊麟携手榴弹率兵数名，直前冲击，中弹倒下；第二连连长洪运龙奉命增援，率全体官兵冲杀上前。

中国军队在昆仑关

拂晓，第二〇〇师方面继续扩大昨日的战果，猛烈向界首东西各要点攻击。激烈的山地浴血战又开始了。第五军炮兵队的大炮集中于一处，发挥了最大威力。士兵们不顾疲劳和死伤又开始冲锋。在炮兵的掩护下，士兵们一寸寸地抵近日军阵地，用手榴弹炸开阻挡前进的铁丝网冲进去，子弹川流，血肉横飞。下午 1 时 30 分至 4 时，日军两次向失地反扑，均被击溃。

12 月 31 日，清晨 6 时整。国军的重炮以雷霆万钧之势吼叫起来，密集巨大的爆炸声，震得山岳失色，大海翻腾，轻重机枪的“哒哒哒”声连响不绝。晨雾中火光冲天，浓烟滚滚，枪炮声就像迎接新年的鞭炮声一样令人亢奋、激动，昆仑关刹那间被硝烟、泥土、弹片层层裹了起来。望远镜中什么也看不清了。“冲啊——”“杀啊——”

8 时 30 分，界首南端各高地上相继飘起了第五军的军旗，各部向昆仑关展开最后的攻击。最终一举拿下昆仑关。

中国军队夺回昆仑关

第四章　远征荡寇

开路先锋

1942年2月下旬，西南国门，畹町。这里有一条从云南昆明通往缅甸最南部仰光的公路，即滇缅公路。公路上到处可见首尾相衔、蒙着雨布、载满物资的军用卡车和身穿灰色军装、背着斗笠、脚穿草鞋的中国部队，浩浩荡荡，勇往直前。

原来，1941年12月7日，日本联合舰队偷袭了美军太平洋上的夏威夷海军基地，美国对日本宣战。很快美国、英国与中国结成反法西斯同盟国，联合对日作战。1941年春，英国邀请中华民国军事考察团赴缅甸、印度、马来西亚考察。几经协商，在同年的12月23日签订了《中英共同防御滇缅路协定》，成立中英军事同盟。中国远征军就是根据中英军事同盟而组织的。

太平洋战争爆发后，日军在短时间内席卷东南亚，即将矛头直指缅甸。

1942 年初，日本侵占马来西亚后，开始入侵缅甸。在英国的求助下，中国方面以杜聿明为代理司令长官，集合中国精锐力量的中国远征军约 10 万人向缅甸进发。

2 月 28 日，中国远征军第五军陆续进入缅甸。

小贴士

中国远征军：1941 年 12 月 7 日，日本海军向美国太平洋上的海军基地珍珠港不宣而战，同时在西太平洋向印度尼西亚、马来西亚、缅甸和菲律宾等地发动攻击。1941 年 12 月 8 日，太平洋战争爆发。12 月 9 日，美国、英国和中国向日本宣战，而与日本同盟的欧洲轴心国——纳粹德国与意大利亦向美国宣战。中国为支援英军在缅甸（时为英殖民地）抗击日本法西斯，并为了保卫中国西南大后方，组建了中国远征军。从中国军队入缅算起，远征之战时 3 年零 3 月，中国投入兵力总计 40 万人，伤亡接近 20 万人。

远征军部队行进在滇缅公路上

戴安澜出国前留影

3月1日,蒋介石偕夫人宋美龄从昆明乘飞机到腊戍,视察缅甸战事,住进英国传教士波特先生的酒店。深夜,戴安澜接到英方通知,中国战区最高统帅蒋介石到达腊戍,要召见戴安澜。

戴安澜不敢怠慢,立即动身,亲自开车前往腊戍。戴安澜赶到波特酒店时,才上午8点多,于是在酒店会客厅等候召见。蒋介石已用完早餐,见到戴安澜时有点惊异:"戴师长,你这么早就来了,你的部队现在哪里?"

戴安澜急忙立正答道:"报告校长,部队现已在边境!"蒋介石对他说:"你今日先开一团到腊戍。接下来,每日开一个团到缅甸中部的平满纳,再南下缅南的栋瓜占领阵地,等候主力,反攻仰光,抵御日军北上。"

接见结束后,戴安澜即打电话回师部,要部队立即作好出前的一切准备工作，命令第五九八团作为先头部队于当日下午出发。电话打完后，戴安澜找到参谋团及英方的联络员，要英方立即将运送第五九八团的汽车开到遮放运送部队到腊戍。

机械化师——第二〇〇师

当晚，蒋介石又召见戴安澜，并邀请其共进晚餐，席间详细地询问了第二〇〇师的情况，戴安澜一一做了回答。最后，蒋介石说，明天等杜聿明军长到来，再详细研究入缅作战事宜。

3 月 3 日上午 9 时，戴安澜随参谋团来到酒店。适逢蒋介石送英国驻缅甸总督代表下楼，见济济一堂的中国官员，总督代表即席致辞，感谢中国军队入缅帮助英军抗击日军，等等。作为第一批入缅甸的中国军官，戴安澜受命致答词。他用十分简短的话语致辞："我们来是打倒我们共同的敌人，一定要各尽其职责，不怕牺牲。希望与英方合作愉快。"

送走总督代表后，蒋介石召戴安澜上楼问话，戴安澜悉数作了详细说明。

下午4时，蒋介石在波特大酒店召见入缅作战高级军官。在二楼大厅等候蒋介石接见的有商震、俞飞鹏、林蔚、周至柔、杜聿明、甘丽初、戴安澜、陈勉吾等人。蒋介石军装笔挺、笑容可掬地从楼上下来，高级军官们立即敬礼。蒋介石摆摆手："大家坐。"

"我这次是专为缅甸战事而来的。这次出国作战，我派出了国军精锐第五军和第六军。这支机械化部队是我们花费了大量心血、金钱训练、装备起来的，只能胜利，经不起失败。因此，我特意来看望大家，希望大家振作精神，精诚团结，一定要扬威异域。"

他看到了杜聿明，"光亭，你有信心吗？第五军、第六军都归你指挥，这个家要当好，有事多和我联系。"杜聿明站得笔直，恭敬地说："学生一定按照校长的指示办。"

蒋介石说："国军入缅作战应注意三点：此次五、六二军出国作战，因地形生疏，习惯很不同，后方组织尚未完成，作为最高统帅，我心中颇难自安，因此亲来缅甸主持指导；此来发现许多优点，同时亦知有许多困难。入缅作战军之战术方面，由林次长负责指导。”林蔚赶快起立立正。

“后方一切部署，由俞部长负责指导。”俞飞鹏赶紧起立立正。蒋介石看看他们，语重心长地说：“务希谨慎从事。远征军的最高指挥官人选尚未确定，拟调卫立煌将军担任，杜军长副之。在卫未到任以前，暂由杜军长统一指挥。在国外作战，生活要简单，行动要一致，共甘苦同患难。不分彼此，不生意见，互相援助；精神要彻底团结，命令要彻底服从，不可以同学或朋友关系，而稍有疏忽，如此乃能树立国军之信誉。……此外我这次发现的最大缺点，即各级官长幕僚对于报告多虚伪而不确。现代军队若一切命令通过报告，如报告不确实，不但不能指挥作战，抑且难以做人。……以后在国外作战部队，一切均应实实在在，不可稍有虚伪谎报；盖确实则虽败亦胜，虚伪则虽胜犹败，况虚伪被人轻视，损失信誉关系至大……目前情报多不确实，敌人兵力位置番号均不明了，我军入缅后，应对前方派遣侦探，愈远愈好，每日报告数次，有重要情况则应随时报告，对友军则应切取联络。兹特别提出入缅军之首要三句口号，为侦察敌情，宣慰民众，联络友军。对此三点，应切实注意办到……”

蒋介石走到缅甸敌我态势图旁，接着说："现在情况与指导可分以下四种研究：

一、第五军之集中尚未完成，敌寇即已占领仰光时。二、第五军在集中期间，敌人毫无行动，仍停滞于锡唐河两岸时。三、我第五军之主力两师，已集中同古，而敌对仰光进占时。四、我第五军主力未集中完毕，敌寇即攻占同古时。"

中国远征军

蒋介石讲到这里，对第二〇〇师师长戴安澜说："戴师长，你对第四种情况要有充分的精神准备。由于英军不配合，我远征军已经陷于被动，很可能你师为先头部队，到同古后，要掩护全军集中。应注意敌情侦察，并与友军联络，可多制缅人便衣，以便进入森林及敌后侦察作战。”

深夜 11 时，蒋介石又召见戴安澜。戴安澜立即前往。蒋介石简单地问了一下他对今天会议决定实施的打算以后，对第二〇〇师先期入缅作了三条指示：一是中国军队入缅作战，这里森林极多，与国内不同，要针对这一情况研究战术对策；二是部队要尽快赶到仰光，目前英军正在抵抗，中国军队赶赴仰光一方面要协助英军防务，另一方面要把前些时期积压在仰光的军用物资赶运回国；三是要尽力解救正处在危险境地的英国军队。这些任务你清楚不清楚，能不能完成这些任务？戴安澜回答：一定全力以赴完成委座交给的任务，虽死而不惜。

戴安澜随即赶回部队指挥部署。

这时，美国陆军部派给中国战区统帅蒋介石的参谋长史迪威到达腊戍。蒋介石即任命史迪威为远征军总司令。

据中央社随军记者发自滇边基地的报道：“今日滇缅公路已非商运孔道，而为军运线，我军继续由此入缅，军运全部卡车，每车 35—25 人、马 4 匹。……军队蜿蜒进行达数里，烟尘相接，甚为大观。我军将士深知此次出国作战，不仅在捍卫祖国，且在争取盟邦胜利，保障和平。

远征部队行动敏捷，闲暇即研究战况。战士们穿草绿色新军装，配装整齐，时于车中高唱战歌，前后应和，沿途春阳朗朗，花树灿烂，益增乐趣。”

这是自1894年甲午战争以来，中国军队第一次出国作战，无论长官还是士兵，一个个士气高昂，兴奋不已。作为远征军的先头部队，第二〇〇师师长戴安澜坐在卡车驾驶室中，指挥全师前进。眼前雄壮的大军出国远征，使他壮怀激烈。路过国门畹町时，面对群山，他想起三国时期诸葛亮南征，诗兴大发，不觉口占七绝二首：

小贴士

史迪威：约瑟夫·史迪威（1883—1946），参加过第一次世界大战，担任过美国驻华大使馆武官。曾多次来华，会讲中文。第二次世界大战的珍珠港事件之后，美国参战，史迪威于1942年晋升中将，并被派到中国，先后担任中国战区参谋长、中缅印战区美军总司令、东南亚盟军司令部副司令、中国驻印军司令，分配美国援华物资负责人等职务，后被晋升为四星上将。

中国远征军首次入缅甸

其一

万里旌旗耀眼开，王师出境岛夷摧。
扬鞭遥指花如许，诸葛前身今又来。

其二

策马奔车走八荒，远征功业迈秦皇。
澄清宇宙安黎庶，先挽强弓射夕阳。

“好诗，海鸥兄，雅兴不浅啊。”副师长高吉人称赞道。

戴安澜说：“我这是看见这漫山遍野的野花才来了诗

兴的。”

高吉人问：“也不知道这野花叫什么？”

戴安澜笑着说：“这叫开花草！”

“开花草？你咋知道？”

戴安澜认真地说：“去年 12 月下旬，我军到达保山准备入缅时，上峰命令我们停止西进，在保山整训。今年 1 月 5 日，我自己开车，来过畹町，在国门前我曾发誓，‘我还重来。’那天晚上，我住在一位姓方的土司家时，问过他，‘这满山遍野的草叫什么名？’他说叫‘开花草’。”

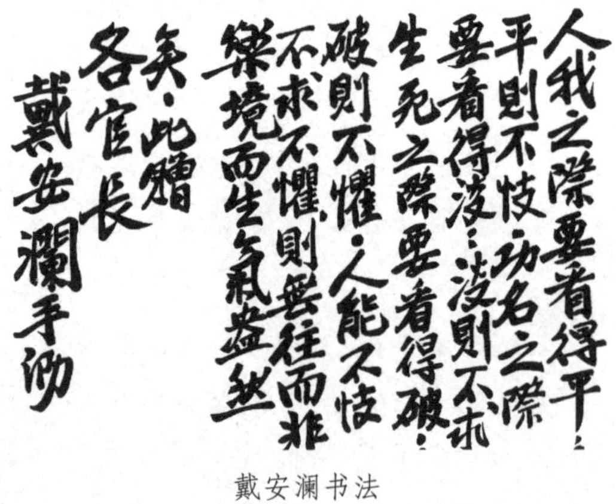

戴安澜书法

高吉人说：“有何讲究？”

戴安澜说：“这里有个典故，相传诸葛亮南征北返，缅人留之，诸葛亮安慰说，‘我还重来。’缅人询之重来之期，诸葛亮指着不开的草说，‘此草开花，余重来矣。’自武侯归蜀后，至今所指之草并未开花。去年春，忽然开花。方土司说，他早就知道中国军队要来。这不，我重来矣。”

说完，两人哈哈笑了起来。

高吉人，黄埔军校四期学员，中央军校高教班第三期毕业。1936 年 5 月，蒋介石决定将战车营及交二团所属的装甲车队合并，在南京方山成立陆军装甲兵团，高吉人任补充营中校营长；1938 年陆军装甲兵团被扩编为国民革命军第二〇〇师，高吉人任上校团长、副师长；参加过淞沪会战、南京保卫战、武汉会战、昆仑关会战等抗日重大战役。

高吉人

此时，跨出国门的士兵，在军车上不断向师长的车挥手致意，突然，有人高唱戴安澜写的《战场行》，战士们前后呼应都唱了起来：

弟兄们，向前走！

弟兄们，向前走！

五千年历史的责任已落在我们的肩头，

落在我们的肩头。

日本强盗它要灭亡我国家，

奴役我民族，

抢占我领土，

我们不愿做亡国奴，

我们不愿做亡国奴！

只有誓死奋斗，只有誓死奋斗，只有誓死奋斗！

弟兄们，大胆向前走！

敌机虽在我们头上盘旋，

炮弹虽在我们头上飞过，

拼命杀敌，沉着战斗，虽死也光荣。

弟兄们，大胆向前走！

要做那轰轰烈烈奇男子，

打倒日本强盗，

才显得我们的好身手，

打倒日本强盗，

才显得我们的好身手。

弟兄们！大胆向前走……

嘹亮粗犷的歌声，响彻群山。

傍晚，部队到达梅苗后，戴安澜被英方安排住宿在一英国人家中。吃过晚饭，戴安澜独自一人外出散步沉思，不知不觉走得很远，由于路途不熟悉，迷路而不得归。他到一亮着灯的人家问路。这家主人是名英国人，当他得知戴安澜是中国远征军军官，亲自驾车送他回住所。戴安澜除感到英国人十分注重礼貌外，深为中国军队被在缅的英人所尊敬而感到自豪。

此时，军情紧急，日军已逼近仰光，占领了仰光东北100公里的勃固。

正当中国远征军先头部队赶往同古的途中，3月8日，仰光陷落。中午12时，3000名日军大摇大摆地进了城区。蒋介石非常震怒，英国人放弃仰光，没有通知中国的联络官。

【中央社伦敦10日路透电】

仰光失陷有不可低估的意义。(1)战争更加接近印度，其东方之屏障已陷入敌手。(2)此时同盟国中国自系一种打击，就军事战略而言，其意义如下：A、滇缅路在其入口处封闭，在印度路线完成以前，所有运入中国之供应品，只可暂由空中运输。由伊洛瓦底经三百英里之油管，以至仰光炼油厂之石油现已不能生产，因炼油厂业已破坏，油管业已切断。B、仰光之失陷，将使日本更能在缅甸及印度洋、孟加拉湾有所活动，而以加尔各答为其目标，并能进攻尼料巴及安达曼岛，而以锡兰及马德拉斯为目标。C、日军在清除焦土破坏之残砾以后，即可取得其有适当配备之第一等海港，毛淡棉之港湾设备，众认不适合作重大海军活动之所需……

【中央社瓦城10日路透电】

仰光陷落之惨剧，可以“过少过晚”四字综括之。人员过少，战斗轰炸机过少，军械过少，盖以原有之防务亦不坚固……增援部队之到来不仅过晚，且人数过少，既不及防御萨尔温江，复不及据锡唐河。而装甲部队方至，已不及援助仰光。因此，中国及缅境之英国军供应品之主要孔道，缅甸主要港口，以及北方广大之机场数座，遂陷于敌手。

浴血同古

此刻，中国远征军第二〇〇师官兵乘坐火车，沿缅南大平原急如星火地赶往同古，并在皮尤河设置了前进基地。

3 月 18 日黎明，200 多名日军先头部队，骑着摩托车，沿着公路，进入了皮尤河南岸 12 公里处的假设阵地。埋伏在这里的我摩托化骑兵团和第五九八团步兵第一连的官兵，在林承熙团长的指挥下，一声“打”的命令后，机关枪、步枪、手榴弹，一起向毫无戒备、目空一切的日军猛击。天色蒙蒙，尚未完全明亮，复杂而隐蔽的地形，使敌人晕头转向，有的还没有明白打击来自何方，便做了异国鬼魂。

自从日军进入缅甸，从毛淡棉到锡唐河，又到仰光，几乎没有遇到什么抵抗，一路全是追击，这是第一次吃到苦头。混战 3 个多小时，敌抛下 30 多具尸体和摩托车 19 辆，机枪、步枪 20 多支，纷纷向南，沿公路两侧没命地狂逃。我摩托化骑兵部队一面追击残敌，一面打扫战场。步兵从敌尸的番号中得知该部为日军第五十五师团步兵第一一二联队的搜索队。前哨连完成任务后，趁黑夜转移，埋伏于皮尤河大桥南岸阵地。

3 月 19 日清晨，一大队日军有 500 多人向皮尤河大桥方向冲来。摩托兵开路，汽车数十辆紧随其后，渐渐进入第二〇〇师第五九八团前进部队预设的埋伏阵地。200 米的大桥上几乎全是日军。

我工兵将电钮猛然下按，"轰轰轰"几声，前面的汽车翻入河中，后续的卡车霎时拥塞于南岸的公路上。两岸枪声大作，在第一连排长王若坤的指挥下，十几挺机关枪从头到尾，向躲在汽车后抵抗的敌军猛烈射击，打得汽车像筛子似的，不少敌人被打死，剩下的有的窜入森林，有的沿公路溃逃，日军共死伤官兵约 200 人，我伤亡士兵 30 余人。王若坤排长下令搜索敌人的尸体，发现一名身挎皮包、望远镜的少尉衔联络军官，叫矶部一郎，从他身上搜获了日本侵缅兵力配备地图、重要文件和日记，得知被

小贴士

同古保卫战：同古保卫战是戴安澜指挥的一场艰苦战斗，他率领第二〇〇师官兵守卫同古城，英勇顽强地与兵力、装备都占优势，并拥有制空权的日军浴血奋战 12 天，歼敌 5000 余人，掩护了英军撤退，为远征军的后续部队赢得了时间，最后第二〇〇师全师安全转移。这是远征军扬威异域的一战，激励了中国军民抗战士气，中国官兵浴血奋战，与在缅甸连连溃退的英军形成对比，提升了中国的国际形象。

消灭的来敌系第五十五师团第一一二联队的一个小队。中午时分，敌大队来援，炮兵首先轰炸第二〇〇师在皮尤河畔的警戒阵地，紧接着步兵发起冲锋。战斗持续到深夜，我部队撤回同古既设阵地。3月19日，中国远征军副司令长官兼第五军军长杜聿明，率参谋人员，从瓢背军司令部赶至同古，与戴安澜师长等在同古城视察地形，检查工事。同古城的工事构筑完全是坑道封闭式的堡垒，均用铁路枕木日夜施工，经过10天时间修筑而成的。

远征军猛攻敌军阵地

同古序战开始，在鄂克春（Uoktwin）的第二〇〇师前进阵地前，日军先头部队第五十五师团第一一二联队步骑联合行动，由于接连两日遭到伏击，行动极为谨慎，东西两面向我守军阵地正面搜索前进。当遭到阻击之后，日军发现了第二〇〇师前进阵地，兵力增加到千余人，在4门山炮的掩护下，展开攻击。

第二〇〇师与日军在同古城激战，同古前沿的中国炮兵

3月21日，日军6门大炮整日轰击我鄂克春前进阵地，敌机亦与之协同轮番轰炸同古城，第二〇〇师高射机枪、重机枪、轻机枪勇猛还击。敌我在阵地上展开肉搏战，伤亡均很大，敌伤亡300余人，我伤亡140余人。敌援兵增至2000多人，战至傍晚，阵地屹然未动。

3月22日，日军再次向我鄂克春阵地猛攻，另一路企图迂回，被我军击退。整日，双方发生激烈的炮战。

是日，敌空军两次空袭马格威英空军基地，停在机场上的一个驱逐机中队和一个轰炸机中队损失甚巨。英国军方通知中国远征军：目前无法派飞机协同作战。缅甸的制空权完全被日军掌握。

3月23日，拂晓至午后2时，敌一二一联队与一四三联队，在12门山炮、重炮的轰击下，以装甲车、战车为前驱，步兵紧跟，黑压压地出现在鄂克春前进阵地上。攻势一浪高过一浪，后方还有汽车返往输送援兵。敌空军出动30架飞机连续6次对阵地进行轮番轰炸，第二〇〇师警戒阵地一度被日军突破，戴安澜师长命令第五九八团副团长黄景升率领第一营赶到皮尤去增援警戒部队。黄副团长指挥步骑配合，向敌侧反击，击毁敌装甲车、战车各2辆，汽车7辆，将敌人的攻势压了下去。下午8时后，敌军再次发动猛攻，阵地再次被突破一部，敌我彻夜对战。这一日是日军对我前进阵地攻击最猛烈的一天，从早到晚阵地上均在厮杀。我第五九八团中校副团长黄景升在战斗中中炮，壮烈成仁。中国官兵伤亡很大，但阵地仍在第二〇〇师手中。

是日，敌远射程大炮向同古城区射击，守城部队固守阵地。

敌军承认："第五十五师团自库代北进以来，在屋敦（即鄂克春），还是第一次与强敌遭遇。"

3 月 24 日，敌炮空步兵协同向鄂克春、坦塔宾前进阵地正面发起猛攻。敌在步兵攻击前，大炮向我阵地轰击，对森林绵密地带，用轻重机枪威力搜索，当探明未有埋伏后，才让步兵搜索前进。敌人在树上架设了轻机枪，向远距离的守军射击，将第二〇〇师警戒部队压在战壕中抬不起头来，伤亡颇大。戴安澜对敌情研究后，令各营重机枪连用高架设置，专门对付树上的敌人扫射，打得树叶乱飞，敌机枪手纷纷栽下树来。戴安澜又规定各部队用重机枪对阵地两侧森林做广角射击，使敌遭到很大伤亡，再也不敢爬在树上对我军射击了。

上午 9 时，敌军另一部 500 多人，携小炮数门，从铁道以西迂回同古以北地区，进攻同古机场，企图包围第二〇〇师。瓢背之第五军军指挥部与同古间电话被日军截断。同古城北的飞机场和公路均遭到敌炮兵的猛烈射击。敌突击部队对机场守军发动袭击。防守同古城北阵地的第五九八团的一个营对敌侧袭，支援防守机场。此时，正在机场以北担任警戒的工兵团正在破坏铁路，遭到敌人袭击后，工兵团团长李树正匆忙向后撤退，只留下第五九八团一营与敌激战。下午 8 时，我残余部队放弃机场，退入同古城。

日军侦察得知第二〇〇师指挥所设在同古城北，调集骑兵约500人突袭，想打掉指挥中枢，在师指挥所前，遭到掩护部队强有力的反击。晚9时，戴安澜率领师指挥所从城北撤进城内，召集营连长以上所有官长召开紧急会议，以研究敌情与下一步作战方案。

戴安澜说："敌军对我正面连续发动几天的进攻，遭到失败，今天改变了战术，从左翼迂回同古城，占领了飞机场，切断了公路，破坏了我师与军部的联络线，企图从三面包围同古。我与军部的联系，只有靠无线电和有线电。我决定要坚守同古，完成掩护军主力集中的任务，为国家民族争光。我看，日本飞机大炮对城里进行狂轰滥炸，无线电与有线电架设和通讯都有困难，决定将师指挥所由副师长高吉人率领，渡过锡唐河，设在河东岸。我留在城里指挥三个步兵团。"

高吉人说："师长，我留在城里指挥，你率师指挥部出城，保持与军部的联系。"

戴安澜摆摆手："不要争了，就这样决定，我可以全力指挥全师的战斗。我命令，放弃鄂克春、坦塔宾的前进阵地，部队全部集结城里。"

第二〇〇师与日军在同古城激战，同古前沿的中国炮兵

3 月 25 日拂晓，日军飞机 30 余架轮番轰炸同古城，大炮同时向同古城轰击，城里房屋多被炸毁。上午 8 时，

日步兵分三路向同古城西、南、北三面发动猛攻，均被第二〇〇师守军击退。敌复增兵，由同古旧城西北角向第六〇〇团阵地进攻，企图将守城部队一分为二，从旧城区进击锡唐河，从而占领锡唐河大桥，切断我军东路经毛奇同瓢背军指挥部的交通线，又使城里部队与河东的师指挥部失去联系。坚守旧城的第六〇〇团第三营营长王玖龄在激战中负重伤，情况万分危急。步兵指挥官郑庭笈当即命令第五九八团第二营向第六〇〇团增援，与冲入城中的日军逐屋争夺，展开拉锯战。敌我两军相距仅二三十米，敌军飞机大炮均无法轰击，转而向锡唐河大桥和东岸阵地进行猛轰，使部分桥面受到严重损坏，车辆无法通行。是日晚，第二〇〇师各部不断以小分队夜袭，枪声竟夜。

是日，杜聿明着手实施同古会战计划，除令戴师坚守同古外，令新二十二师速向叶达西输送。

3 月 26 日，日军以第五十五师团第一一二联队、第一四三联队、第一四四联队从南、北、西三面向同古城内发动进攻，其主力仍向旧城西北角发起突袭。晚 9 时，日军向同古旧城进行大规模攻击，该处第二〇〇师第六〇〇团阵地再次被突破，我军遂退守同古铁路以东，继续抵抗。双方的部队仅隔一条铁路对峙，相距不到 100 米。

由于犬牙交错，敌人的飞机大炮均没有派上用场，于是日军将前沿部队后撤 200 米，派来飞机轰炸，随后又用大炮轰击，中国军队躲在掩蔽壕里不动。敌人轰击之后，步兵才又上来冲锋，但中国军队仍然不动，等到敌人冲锋到只有四五十米的时候，所有的机枪子弹、手榴弹，像狂风暴雨似的向着敌人发射了去，敌人死伤惨重，又退了回去。像这样的战斗，一日之内要反复多次。双方均有很大的伤亡。

3 月 28 日，担任阻击任务的日军在同古以北要点构筑工事，以图对叶达西方向取守势，阻止新编二十二师援助同古，与该师主力发生激战。该师虽只有轻战车和炮战车各一部，其余重武器尚在腊戍待运，然竭尽全力，战至午后，攻克南阳车站四周及部分建筑物，战车击毁敌炮兵阵地，获山炮一门及弹药、文件甚多，但敌已占领了纵深阵地，而南阳车站内坚固建筑物里的敌人仍疯狂抵抗，攻击竟日，没有太大进展。

进攻同古城的日军向戴安澜师猛攻，并施放糜烂性毒气弹。戴师因在昆仑关等战役中有过毒气战经验，士兵们取出毛巾，用尿浸湿，捂在嘴鼻上，对戴着防毒面具冲上来的日军猛烈射击，并丢集束手榴弹，打退了敌人的进攻。上午 10 时许，敌轰炸机开始轮番轰炸我军阵地，掩护其战车突入戴师阵地，不停顿地向其正面与左翼强行攻击。第五九九团团长柳树人向戴安澜报告了危急情况。戴安澜对着电话用嘶哑的嗓音喊着："柳团长：你要死守这个缺口！没有援军！没有补充！人打完了，也要守！"

第五九九团伤亡惨重，柳树人亲自端着枪射击，坚持不退。见团长如此，有的士兵干脆脱光上衣，跳出壕沟，端机枪横扫冲上来的敌人；有的手上提着一大捆手榴弹，在敌战车开过的一刹那，拉响导火索，与敌同归于尽。

是日中午12时左右，冒着枪林弹雨，满身泥土的戴安澜来到锡唐河桥东的师指挥所，还未及向副师长高吉人询问战况，指挥所外便遭到日军大炮的轰击。同古东南的敌骑兵，迂回涉过锡唐河。大炮轰击了100多发炮弹，还未从灼热的气浪和弥漫的硝烟中喘息过来时，敌骑兵已冲到指挥部外四五十米处。守在指挥所外的第五九九团第三营与师部特务连立即开枪，与敌展开一场殊死混战。阵地上敌骑兵与我步兵搅和在一起，肉搏开始了。戴安澜要通电话，与同古城内的步兵指挥官郑庭笈说："敌人从同古南30公里处渡河，正向师指挥所攻击中，第五九九团第三营和师部特务伤亡很重，情况万分危急。请第五九八团派步兵两连向师指挥所增援。"

不久，师指挥所与城中电话联系中断。敌骑兵已冲至指挥所外，嗷嗷叫声已在耳边。“决不能做俘虏，为国捐躯的时刻到了！”戴安澜拔出手枪，准备殉国，被部下劝阻。指挥所的全体官兵，全部拔出手枪对敌射击。士兵们见戴安澜师长也在和敌人战斗，均奋不顾身，跳出战壕，用密集的手榴弹炸死了大量日本骑兵。很快，第五九八团两个连援兵从城中杀出，东西夹攻，午后将敌压迫于大桥东南对峙，并与第五九九团第三营取得联系，逐渐恢复阵地。

从早到晚，激战白热化。日军无法攻破同古城，傍晚其步兵穿着红衣黑裤打扮成土人或化装成英缅农民，身穿筒裙，驱赶着牛车，车上满载着枪支弹药，上面覆以稻草，企图混入第二〇〇师后方阵地，均被我军士兵搜查出并加以歼灭。开战以来，戴师官兵伤亡逾千人，但亦虏获日军步枪百余枝，轻机枪 6 挺，迫击炮 7 门，自行车数十辆，防毒面具多件。

由于第五军主力迟迟不能集结，第二〇〇师的处境相当危险。

3 月 29 日，新编第二十二师主力继续对南阳车站猛攻。敌军调来了增援部队，在步炮联合下，与新二十二师展开对攻，双方皆进展。远征军游击司令黄翔部补充第二团之一部，由南阳车站以西勃固山脉的森林迂回到同古附近，有一连曾一度进入永克冈机场。由于新二十二师等部的牵制，敌军对同古城区攻击压力减轻，转为包围战，但锡唐河大桥以东之敌，对戴安澜师指挥部攻击甚为猛烈。敌人的目的是要包围歼灭第二〇〇师的指挥机关。

郑庭笈回忆道：29 日拂晓，城里和师部指挥所电话中断，师指挥所情况不明，东岸枪炮声有时激烈，有时沉寂。第六〇〇团团长刘少峰和第五九九团团长柳树人问我戴安澜的情况，师部电话为什么不通。我说师长刚刚同我通电话，在讲话中电话又断了。同古战斗进入最后阶段。黄昏时东岸第五九八团第七连连长石磊派兵带来两名缅甸人，是戴安澜到同古后组织的缅甸人便衣队。他们带来了戴安澜给我的亲笔命令，并要他们为我当向导。命令要旨为：

> 奉军长杜命令，要第二〇〇师于 29 日夜间从色当河东岸撤出同古城，沿河东岸到叶达西集中待命。撤退时部队由郑庭笈指挥，余在河东岸掩护。戴安澜。3 月 29 日下午 5 时于师指挥所。

决定放弃浴血 12 天的同古城，第五军军长杜聿明是经过深思熟虑的。他向廖耀湘下达了命令:“新编第二十二师于30日晨6时向南阳车站之敌实行佯攻,牵制敌人,以掩护第二〇〇师主力向叶达西方向撤退。”他又令戴安澜:“第二〇〇师于29日夜经同古以东突围,主力撤出后,即将大桥破坏。”

郑庭笈接到戴安澜的撤退命令后,立即用电话与第五九九团团长柳树人和第六〇〇团团长刘少峰两位商讨撤退办法,决定:1. 以团为单位,派各团少校团附指挥伤兵与炊事班利用锡唐河大桥到河东岸,向叶达西集中。伤兵过河后由师卫生队收容,送后方医院。2. 第一线步兵营,派出阻击组,向阵地当面之敌实行夜袭,掩护各团撤退。3. 撤退时按第五九九团、第六〇〇团、第五九八团的顺序。第五九九团从大桥过河,其他两团一律徒步。4. 各营阻击组拂晓前离开阵地,向河东归还建制。

是夜,阵地前的机关枪声、步枪声、手榴弹爆炸声响成一片,曳光弹和手榴弹爆炸的亮光映红了同古城。第二〇〇师各团相续撤出同古城。拂晓前,各营派出的阻击组完成任务后,也悄悄撤过河东岸。清晨,日军的炮兵又开始向同古阵地炮击。上午10点,担任后卫的第五九八团在缅甸向导的带路下,有条不紊地向叶达西方向前进。

在河东岸的一间草棚里，戴安澜迎接郑庭笈。二人紧紧握手，郑庭笈汇报了撤退经过后，戴安澜命令部队进入森林休息，准备夜间继续向叶达西集中。

是日中午，在太阳旗的后面，大批日军进入了已经成为废墟的同古城。第二〇〇师各团到达叶达西集中后，两名英国随军记者到了第五九八团团部采访步兵指挥官郑庭笈："将军，您是否能谈谈你部是如何撤出的？据我们所知，同古是一个平原地带，东面是锡唐河，北、南、西三面全是日本军队，在这种情况下居然全部都能平安撤出，原因是什么？"郑庭笈笑着说："我乐意回答先生们的提问，我军平安撤出的法宝，"他抬起脚，指指脚上的草鞋，"就是它！"记者不明白。

缅甸道路崎岖，中国军车不时倾覆

郑庭笈反问："你们英国人不是称我们是'草鞋兵'吗？我们渡锡唐河时不用脱皮鞋，行动很方便，不就突围了吗。而你们英军使用的是全副重型武器，吃罐头食品，携带钢盔和防毒面具，脚上穿着长筒靴，不乘卡车就无法行军。"

"哈哈哈哈，郑将军，你很幽默，相比之下，我们英国部队军装很漂亮，大皮鞋，但士气却很低落。"记者说。

勇夺棠吉

由于英军退守仁安羌一线，在西线的尤努至乔克巴当及其以远的地方出现了一个漏洞。"据报告，日军正在向乔克巴当逼近。"

史迪威认为日军出现在乔克巴当、他希一线，是准备包抄远征军的后路。因此命令杜聿明将第二〇〇师立即用汽车送至乔克巴当，向敌攻击。杜聿明认为现在已不能再分散使用部队，应该立即收缩兵力确保东线，退守棠吉与眉苗，以确保远征军退往国境的大门腊戌。

4 月 15 日，东线危机已显。敌第三十三师团一部逼近罗依考，与第六军暂五十五师陈勉吾部发生激战。17 日，西线危急，仁安羌英军求援，使远征军指挥机关的注意力一下子转向西线。远征军参谋长史迪威要求杜聿明派部队去救援仁安羌。

在缅甸战场的孙立人将军

杜聿明却专注于东线的战局，拒绝将第二〇〇师开往西线的乔克巴当。他判断仁安羌的日军已被孙立人新三十八师击溃，但史迪威坚决要求杜聿明派第二〇〇师前往这一地区。为此，杜聿明去见史迪威与罗卓英。在撤出彬文那时，罗卓英已和杜聿明在电话中干了一仗，双方一见面，各人都憋着一股气。罗卓英做和事佬，劝说：“杜军长，你应该迅速执行史迪威将军命令，令第二〇〇师火速开往乔克巴当，向敌攻击。”

杜聿明一开口火气就不小：“我军部直属队摩托化骑兵已派往乔克巴当，根据他们的报告说，新三十八师尚在仁安羌，该地区并没有敌情。”史迪威却说：“此情报来自英国军队，他们的情报系统很先进，是不会出问题的。”罗卓英口气缓了一下，劝解说：“杜军长，乔克巴当和他希一线出现了一个大空当，如果日军占领此地，就可以包围我军。”

杜聿明一步不让：“西线即使出现空档，但那是盟军的责任，即使有敌情，我们也不应该忽视东线。我军应集中兵力固守东线的棠吉，守住了棠吉，就能保卫腊戍，你我大家都有一条生还回国的孔道。”

史迪威和罗卓英以远征军司令长官部的名义，直接下令给第二〇〇师师长戴安澜：“着即用汽车输送第五九九团、第六〇〇团火速前往乔克巴当抗击敌人。19日务必到达预定位置。”

第二〇〇师师长戴安澜知情况复杂，立即和杜聿明联系，问如何处置。杜聿明在电话中指示：“戴师长，可先开一团去乔克巴当，其余等我从眉苗找林蔚团长商量后，回来再说，再决定下一步行动。”

小贴士

仁安羌大捷：1942年4月中旬，英军被日军第三十三师团包围在缅甸大油田仁安羌。英军紧急向中国远征军求救。孙立人师长指挥的新三十八师第一一三团击败日军，营救出7000余人以及外国记者等。由于英缅军军团长斯列姆转来密函，告知第五军已然转进，孙立人被迫下令梯次掩护撤退。21日，日军第三十三师团占领仁安羌。

4月19日，杜聿明得到摩托化骑兵的情报，乔克巴当方向无任何敌情，只有大批英军零零散散在我新三十八师掩护下，向北撤退。他感到形势不妙，立即作了紧急部署，速令尚在西线的第二〇〇师第五九九团、第六〇〇团及师部，立即乘车从原路返回赶往东线，向棠吉前进，并亲自当面指示第二〇〇师步兵指挥官郑庭笈率第五九八团乘汽车利用夜间向棠吉前进。

日军第五十六师团占领罗依考后，兵分三路，其中一路由和榜以西攻击雷列姆，另两路向北挺进，直奔腊戍。4月21日拂晓，我第六军参谋长林森木率残部两营兵力在和榜附近构筑警戒阵地和主阵地，正面阻击北犯之敌。军长甘丽初亲率所部在罗列姆构筑防御工事，节节抗击，并等候第五军第二〇〇师援军。

是日下午，史迪威得知罗依考方面的危急情况，十分惊慌，亲自开着汽车赶往东线。在棠吉以西约29公里的地方，史迪威见到了戴安澜，了解了敌情。令其无论如何，夺回棠吉。

第二〇〇师主力和第五军先遣摩托化骑兵团推进到距棠吉约15公里的黑河，即与敌警戒阵地遭遇，机械化骑兵团立即开火。经过激烈的交战，敌向后撤退，该部跟踪至棠吉8公里处，又遭到敌前进阵地的阻击。经过激烈战斗，我军攻克敌前进阵地，打死打伤敌20多人，缴获汽车一辆，并推进到棠吉城外敌主阵地前。戴安澜带领第六〇〇团团长刘少峰、第五九九团团长柳树人和五九八团指挥官郑庭笈等人在城外观察敌人阵地火力点和棠吉地形后，下达命令：“我师于明日拂晓开始攻击。以第五九九团、第六〇〇团为攻击部队，第五九八团为预备队。刘团长率团沿公路向棠吉城攻击前进；柳团长，你团负责攻占棠吉城外右翼高地，包围棠吉城侧翼，切断棠吉至雷列姆公路，并在高地上用重机枪射击城里的敌人，掩护正面部队进行攻击。重炮兵、装甲车掩护第二〇〇团攻击。”

4月24日拂晓，全面攻击开始。侧翼攻击高地的第五九九团第一、第三两个营为第一线攻击部队，第二营为预备队，士兵奋勇登山，向敌阵地发动猛攻，一连攻克几个山头，但部队伤亡较大。该团占领高地后，立刻居高临下，向城里射击。第一营于当天下午，切断了雷列姆公路。第六〇〇团在猛烈的炮火支援下，攻击城区，与敌发生激烈巷战，逐屋逐巷进行争夺。第五九八团第一营在装甲车掩护下，冲进扫荡残敌。是晚，第二〇〇师占领了棠吉城。

4月25日，敌增援部队向我反攻，棠吉东面及西北高地得而复失，至午后将敌军击退。近郊隘路尚有敌兵负隅顽抗。杜聿明下令继续肃清东南隘路凭险据守之敌，并向雷列姆攻击前进，以断绝腊戍北犯之敌的后路，并电告蒋介石有关棠吉战果。第二〇〇师在攻克棠吉战役中，“计毙敌 800 余名，击毁 14 吨重坦克 3 辆，虏获重机枪 4 挺，步枪百余枝，汽车 21 辆，战马数匹”。

在第五军军长杜聿明的部署下，第二〇〇师全师官兵，在戴安澜师长指挥下，英勇杀敌，一举夺回东线战略要地棠吉，并继续尾追北上之敌，使千钧一发的东线出现了一度转机。然而就像疾风暴雨后的初霁，给人们刚带来一丝希望，又即刻为浓云隐没了。

此时，在黑河指挥第二〇〇师夺取棠吉的第五军军长杜聿明信心十足准备新的部署。第二〇〇师只用了一整天时间便重新夺取棠吉的战果，的确给他带来了新的希望。他决定继续肃清隘路之敌，向雷列姆攻击前进，以断北犯腊戍之敌的后路，再与第六十六军新二十八师刘伯龙部实行南北夹击，一举歼灭东路之敌。就在此充满胜利希望的一刹那，幸运之神又远离了他。

东路日军以夺取腊戍，切断中国远征军后路为目标，自 4 月 20 日攻克罗依考后，兵分二路，一路由和榜攻击雷列姆；一路夺取棠吉。我军第二〇〇师夺回棠吉后，另一路日军已向北猛窜。日军的诡计是不为一城一地与中国军队胶着，企图穿插，以坦克开道，快速部队紧随其后，每日以行军百公里速度，向腊戍前进。而远征军长官罗卓英又令调往东线的新二十二师、第九十六师和军直属队折向曼德勒参加“会战”。令第二〇〇师放弃拼命厮杀夺来的棠吉，向东北雷列姆方向日军实行尾追，致使敌更多部队直奔腊戍。

4 月 25 日，东线日军越过雷列姆，以十余辆坦克开道，460 多辆卡车满载日兵，兵分两路，疯狂突击，向腊戍形成钳形攻势。腊戍后防空虚，一连串的告急电报到了蒋介石手中。4 月 26 日午后，敌先头卡车百余辆已到达昔卜东南之南海附近，遇到新编第二十二师第八十二团

被远征军扔掉的重装备

阻击,战至次日凌晨,我军阻敌不住,放弃昔卜。

4月28日,腊戍陷落。腊戍一丢,中国远征军归国的大门被日军关上,从此,远征军各部踏上了各自的悲惨归途。

第二〇〇师师长戴安澜坚决执行第五军军长杜聿明的命令:向北前进,以归还建制。

戴安澜手里拿着军长杜聿明发来的电报,紧皱着眉头,下令召集各团长开会。

当各团团长赶来时,柳树人兴奋地说:“师座,小日本也没啥,同古咱们坚守了十几天,棠吉是弟兄们奔袭200多里,一鼓作气拿下的,下一个目标是打哪里?”

戴安澜看着打了胜仗的生死弟兄,却连一句赞扬的话都说不出来。他的表情异常严肃,做了个手势让大伙儿安静下来:“弟兄们,情况很严峻。虽然我们在棠吉打了胜仗,拿下了据点,赶走了日军,但是另一股日军却绕开了我们,不顾一切向我们的后大门腊戍挺进,而且已经控制了腊戍……”

“什么?怎么会这样?腊戍的部队为啥不抵抗?”

“能不抵抗?但是都被打散了……”

团长们面面相觑,心里都沉甸甸的。因为他们明白,后路被日军抄了意味着什么,那就是不但给养物资、弹械将断绝,更重要的是退路被断绝,那将如何是好?

副师长高吉人问："师座，我们该怎么办？"

戴安澜扬了扬手里的电报："按杜军长的指示，跟上大部队，归还建制。各团的团长回去抓紧时间，向营连长们做好动员，总之，不顾一切向北方朝着国境线方向前进，一定要把部队带回国。"

他打开地图，"我师应遵照军部指示向北转进，从雷列姆向北穿越原始森林，白天宿营，晚上行军，可避免敌机空袭，然后渡过南渡河，穿过曼德勒至腊戍公路，再到昔卜，从昔卜到摩哥克公路，渡过瑞丽江，再往北经过南坎至八莫公路，就是腾冲县，最后渡过怒江就安全了。任务相当艰巨，我们前面有三条公路、两条河流都有敌人重兵把守，搞不好会被合围，稍一不慎就有全军覆灭的危险，所以行动要特别谨慎、小心。"

高吉人说："师座，放心吧，我们派出特务连化装成缅甸老百姓，先侦察通过地点和道路，到公路附近时，我们白天在森林宿营，晚上再迅速通过公路。"

郑庭笈说："每次行动，派出一个团为前卫，占领公路两侧的山地，构筑阵地，再掩护主力通过，派一个团一个团交替掩护撤退。遇敌时尽量不要胶着，要迅速摆脱敌人。"

戴安澜说："好，部队离开棠吉，立即进入森林，钻得越深越保险，另外，在十字路口要互相派联络兵，以免迷失方向。如果我出现意外，由副师长高吉人接替指挥；高副师长牺牲，由步兵指挥官郑庭笈指挥，总之，无论如何，要把部队带回国去！回去后立即动员，明早7点行动！”

安澜殉国

缅甸中部往北，全是遮天蔽日的原始森林。古木参天，阴暗潮湿，辨不清方向和道路；遍地生满苔藓，散发着腐烂的气息，藤蔓缠绕，像密集的网；还有无数山蚂蚁和蚂蟥，不管你包裹得再严实，都能钻进官兵们的衣裤之内吸吮人血；森林中的蚊子，个头甚大，一团一团的，黑压压一片，嗡嗡地叫着向人们袭击。

第二〇〇师各部，训练有方，纪律森严，像一条条黑龙在黑暗中游走，排除千难万险在密林中跋涉多日，向导来报：前面就要到南渡河了。

南渡河是萨尔温江的支流，弯弯曲曲流经昔卜，向南汇入米坦格河进入曼德勒附近，再注入锡唐河，经仰光入海。戴安澜带人赶到河边，只见眼前的河面宽300多米，水流湍急，河面上看不到一条船。

郑庭笈舒了一口气，对戴安澜说：“终于到了南渡河。”

戴安澜点头："这才是突出重围的第一险关，注意警戒，并派人去找船。"

各团有序地到达河边。郑庭笈派人沿河上下寻找，跑了十几里路，都空手而归，连一条渡船也没找到。时间却一分一秒地过去。戴安澜命令："各团砍伐河岸上的毛竹，扎成竹筏，每筏子 20 人，往来得 40 分钟，计算一下要扎多少条竹筏，还要隐蔽好，别被日机发现。等到天黑，部队分头上竹筏，一昼夜全师务必渡过河！"

工兵营和各团都派出人手，有砍竹子的，有搓茅草绳的，有扎竹筏的，忙得热火朝天。负责警戒的战士爬上树梢，只要发现有敌机前来侦察，立即挥动手里的旗帜，于是大伙儿分头隐蔽，等敌机飞走了，再继续工作。天黑之前，终于完成了五六十具大竹排。

夜幕降临了，部队依次登上竹筏，在急流中，由水性好的战士轮番撑竹篙，往返摆渡，有惊无险，在黎明前，终于渡过南渡河。

高吉人擦着汗笑着说："师座，看来我们的担心多余，这第一道大关不是过来了吗？"

戴安澜严肃地说："麻痹不得！我们部队在敌人眼皮底下消失，敌人也一定在千方百计搜索我们的行踪，这几天，敌侦察机不是终日在我们头上盘旋侦察吗？这才过一关！麻痹不得呀。”

小心无大错，一连几日，第二〇〇师悄然往北，未与日本人遭遇。就连戴安澜认为最可能遭到阻击的曼德勒至腊戍公路上都没有遭到敌人的袭击。

从5月1日起，曼德勒就陷入敌手，而腊戍则是4月29日被敌夺取的。从那时起，从腊戍到曼德勒和腊戍至雷列姆的公路上就布满日军，怎么会这么顺利就过来了呢？当部队穿过公路安全进入森林中时，戴安澜就反复琢磨这件事。但高吉人与郑庭笈还是很高兴，第二大关也顺利过来了。他们命令部队向昔卜前进。

戴安澜他们不知道，日军判断第二〇〇师攻击棠吉以后突然消失，肯定是向北转移了。于是日军飞机就一直在这里的原始森林和河流渡口来回侦察，已经发现南渡河边有遗漏的没有拆尽的竹筏，这表明有中国部队过河的迹象。日军经过分析后，便在昔卜至摩哥克公路部署了重兵，设下罗网，准备伏击他们的劲敌——戴安澜的第二〇〇师，这支已经让他们吃尽了苦头的部队。日军企图将第二〇〇师消灭在缅北，无论如何不能让他们返回国内。

尤其在昔卜公路附近的森林中、茅草丛中埋伏的大批日军，已守候多时。寂静的山林中，高高的茅草里隐隐腾起一片片杀机。林中不时有惊起的飞鸟，已经让日军感觉到丛林中有人活动，但是他们并未动手，而是等待“猎物”自动出来，掉进陷阱之中。

5月18日，第二〇〇师来到了第三道大关——昔卜至摩哥克公路。戴安澜指挥所设在公路边一个小山顶上。在一个临时搭起的简易茅棚中，参谋主任董惟强铺开地图，仔细地用红蓝铅笔在上面画圈，研究从哪里越过公路最安全。

透过密林，拨开茅草，戴安澜用望远镜仔细观察远处的公路，一点一点地移动着，生怕放过一个可疑的细微之处。

远处静静的公路，像一条冬眠的巨蟒，安安静静地躺着一动不动。失去昔日繁忙情景，看不见一辆汽车，也没有行人来往。

高吉人接过望远镜看了看说：“师座，没发现敌人，一鼓作气白天冲过去得了。”

戴安澜说：“别忙，再看看，等傍晚时再通过。吉人，天快黑时你带第六〇〇团为前卫，穿过公路后迅速占领路旁的高地，掩护大部队穿过公路。”

“放心吧，师座，老天保佑，不会有问题的。”

毒辣辣的日头一动不动，战士们潜伏在茅草中，忍耐着口渴、暴晒和蚊虫的叮咬。终于夕阳垂下崇山峻岭，一切安静下来。郑庭笈起身，带着先头部队开始行动。望着他们远去的背影，晚风吹来，戴安澜不禁打了个寒战，想叫住郑庭笈他们回来，已经来不及了。

郑庭笈亲自率第二〇〇团前卫营迅速通过公路。

戴安澜身边的高吉人欣慰地说："没有情况，师座，前卫营已过去了。咱们也过吧！"正当他们接近公路时，突然，四周枪炮声大作，在黑夜中更加惊心动魄。

"不好，果然中了埋伏！"戴安澜暗自叫苦。

曳光弹带着长长的尾巴流萤般迎面扑来，纵横穿梭，上下乱窜，许多战士不断倒在公路上，另一些战士不顾一切，冲过公路。一部分活着的战士就地还击，殊死的战斗开始了。这时，郑庭笈指挥前卫营向埋伏于制高点的敌人发动仰攻。

戴安澜一跃而起，举着枪大声喊着："弟兄们，不要停留，冲过去！"

伏击第二〇〇师的日军约有两个大队（一大队即一团）的兵力。他们占据有利地形，利用优势火力，用迫击炮、重机枪、轻机枪和手榴弹不断向第二〇〇师猛烈攻击，不少战士中弹牺牲，更多地被压制在公路两边，被打得抬不起头来。公路对面的部队在团长刘少峰的指挥下，由副团长刘杰亲率突击队往山上冲。经过激烈的战斗，刘杰副团长中炮牺牲，该部伤亡惨重，战至拂晓时，已不足一营兵力。

此时，左翼突然响起了激烈枪声，原来是戴安澜率柳树人第五九九团向敌发起了进攻。双方在黑夜中，各自利用密林树干，展开一场生死对决。

时间分分秒秒过去，眼看东方启明星出现，天快亮了，戴安澜心中焦急，命令："柳团长，你掩护，我先带头冲过去！"

黑暗中，柳树人大喊："机枪掩护！"

戴安澜的身影跃上公路。"哒哒哒"，敌人的重机枪交叉吐出火舌，冲上公路的战士，不断有人倒下，前面的纷纷退了下来。

"冲啊！弟兄们，不能停下来！"戴安澜带头冲上公路，大步流星，一步两步，眼看就要越过公路了。突然，他用手捂住了胸部，此时，又一颗罪恶的子弹击中了他的腹部，他摇晃着倒在死人堆中。柳树人见状，喊了声："师长——"奋不顾身冲上前要救师长，也被机枪打中，当场牺牲。

参谋主任董惟强冒着枪林弹雨，冲过去将戴安澜强背到路边。戴安澜艰难地说："董参谋，放我下来，告诉副师长，一定要冲过公路，不要管我。”

几仆几起，一波又一波，第五九九团的伤亡也很大，剩下不足一个营的兵力。眼见实在冲不破稠密的火力网，高吉人命令：“部队撤回原来准备出发地点。”

19日一整天，部队撤进森林原地休息。高吉人决定另选过公路地点，终于选择了一个日军布防的薄弱之处。从晚9时开始，一夜间全师安全通过。这时全部官兵满脸笑容，特别是戴安澜显得格外高兴。

部队摆脱了日军的追击，战士们信心倍增，向着边境、向着祖国，加快了步伐。

从5月下旬开始，缅甸进入雨季，大雨瓢泼而至，没日没夜。此时，部队开始翻越野人山。部队没有粮食，缺少弹药和药品。第二〇〇师的官兵全身透湿，终日在原始森林的泥水中艰难跋涉。一位营长向当地居民为重伤在身的戴安澜求得一碗粥，戴安澜仅喝了一口，看着身边的官兵伤感地说：“我怎么能够忍心一个人独吃呢？”说着眼泪夺眶而出，官兵也纷纷落泪。重伤的戴安澜躺在担架上，伤口感染，浑身滚烫，发起了高烧。

警卫员匆匆赶到队伍的前头，告诉高吉人：“师座不行了……”

高吉人反身跑回戴安澜身边。戴安澜被巨大的痛苦折磨着，已经昏迷不醒。高吉人检查了伤口：胸口和腹部的伤口经雨水浸泡，已感染化脓。他怒喝卫生员：“混蛋，为啥不给师座换药？”

卫生员流着泪报告高吉人：“已经没有药可换了。”

尽管如此，部队还得在雨中行军。5月26日，终于到达缅北钦克族一个山寨——茅邦村。戴安澜又一次从昏迷中醒来，吃力地问高吉人：“快到国境了吗？”

“是，再翻两个山头便是。”高吉人轻声说。

戴安澜脸上呈现出一丝微笑，向北——祖国的方向凝望片刻后，说道：“反攻！反攻！”慢慢地闭上了眼睛。下午7时，戴安澜的心脏停止了跳动，光荣殉国，年仅38岁。消息传开，第二〇〇师官兵都十分悲恸，有的甚至泣不成声，伴随着的是漫天的瓢泼大雨。

高吉人流着泪说：“呼叫军部电台，向杜军长报告戴师长牺牲的消息，我暂代师长，继续执行回国命令。”同时，他命令卫兵赶制棺材，连夜将戴安澜遗体入殓。

一支哀兵队伍，挣扎在风雨之中，队伍前列，8名卫士抬着戴安澜的灵柩，棺盖上是湿透了的战旗。雨水、泪水交融而下，继续向北前进。

第五九八团前卫部队前进！

官兵们轮流抬着戴安澜的遗体，唱着戴安澜创作的

殉职无任悲衤

回国,何必再

中正。

第二〇〇师代

长周之再等指挥部

行,以第五九八团纟

28 日,全部渡过瑞

水发臭,无法继续扌

山万里,英魂何日能

高吉人、郑庭岌

森林中的原木,将戴

的大火中,一缕黑

腾飞。

全体官兵在周

火化后,高吉人

装在木箱中,烈士英

正是在戴安澜

终于走出丛林,返回

6 月 17 日,部队

的预备第二师搜寻

《战场行》:

弟兄们,向前走!
弟兄们,向前走!
五千年历史的责任已落在我们的肩头,
落在我们的肩头。
日本强盗它要灭亡我国家,
奴役我民族,
抢占我领土,
我们不愿做亡国奴,
我们不愿做亡国奴!
只有誓死奋斗,只有誓死奋斗,只有誓死奋斗!
弟兄们,大胆向前走!
敌机虽在我们头上盘旋,
炮弹虽在我们头上飞过,
拼命杀敌,沉着战斗,虽死也光荣。
弟兄们,大胆向前走!
要做那轰轰烈烈奇男子,
打倒日本强盗,
才显得我们的好身手
……

参考书目

1. 中国第二历史档案馆编:《黄埔军校史稿》,中国档案出版社,1989 年 4 月版。

2. 杜聿明、宋希濂等著:《远征印缅抗战》(原国民党将领抗日战争亲历记),中国文史出版社,1990 年版。

3. 郑庭笈撰:《回忆戴安澜将军远征缅甸》,《中华文史资料》,1996 年 4 月。

4. 中国第二历史档案馆编:《抗日战争正面战争(中)桂南会战、昆仑关战役、滇缅会战档案》,江苏古籍出版社,2005 年版。

5. 王晓华、戚厚杰编:《抗日战争正面战场档案全纪录(下)》,团结出版社,2011 年 2 月版。

6. 戴澄东著:《戴安澜传》,安徽人民出版社,2015 版。